돌파력

THE OBSTACLE IS THE WAY

THE OBSTACLE IS THE WAY

돌파력

시련을 성장으로 이끄는 절대 불변의 공식

라이언 홀리데이 지음 | 안종설 옮김

심플라이프

"현재와 미래의 지도자들이 침대맡에 두고 읽어야 할 책이다."

— 로버트 그린, 『권력의 법칙』, 『마스터리의 법칙』 저자

"이 책은 일종의 인생 사용설명서로, 두고두고 음미하다 보면 어떤 장애물이나 갈등도 극복할 수 있게 된다. 스토아 철학을 강의실에서 끄집어내어 원래 있어야 할 자리, 즉 우리의 일상생활로 돌려놓음으로써, 눈앞에 닥친 문제에 침착하고 균형 잡힌 관점으로 접근할 수 있도록 돕는다."

— 지미 소니, 〈허핑턴 포스트〉 편집부장, 『로마 최후의 시민』 저자

"처음에는 마르쿠스 아우렐리우스, 그 다음은 프리드리히 대제. 그 다음은 당신 차례다. 이 놀라운 책은 시련을 이겨내고 새로운 삶을 만들어가는 방법을 보여준다."

— 크리스 길아보, 『100달러로 세상에 뛰어들어라』 저자

"우리는 대부분 시련을 피하느라 인생을 허비한다. 저자는 이런 접근 방법이 비극적일 만큼 심각한 오류임을 지적하며, 공포와 난관, 승리에 대한 집착으로부터 해방시켜주는 스토아 철학의 지혜를 소개한다."

— 샤론 레벨, 『삶의 기술』 저자

"이 책을 읽고, 배우고, 깨우치라! 쫄깃하고 매력적인 이 책은 지도자의 길에 밝고 환한 빛을 비춘다. 실패와 장애물, 좌절을 장점으로 바꿔놓는 방법을 알려줌으로써 꿈을 좇는 이들이 택할 수 있는 최고의 전술을 제시한다."

— 낸시 F. 코언, 하버드 비즈니스 스쿨 역사학자 겸 리더십 전문가

"우리가 원하든 원하지 않든 우리 인생은 장애물로 포위되어 있다. 그리고 그것을 극복하고 성공하기 위해서는 '행동'이 필요하다. 나는 이 책에서 그 해답을 얻었다."

— 제임스 알투처, 투자가, 『과감한 선택』 저자

"이 책은 세계를 지배한 알렉산더 대왕, 마르쿠스 아우렐리우스, 스티브 잡스 등 위대한 철학자와 행동가들이 스스로를 단련한 기법을 집대성했다. 이 가르침을 따르면 누구나 획기적인 삶의 변화를 가져올 수 있다. 책 속에 그 비결이 있다."

— 스티븐 프레스필드, 『예술의 전쟁』, 『불의 문』 저자

"더 나은 인간이 되고 싶다면 반드시 읽어야 할 책이다."

— 카말 라비칸트, 『죽을 만큼 자신을 사랑하라』 저자

"스토아 철학의 영향을 받은 저자는 인생의 역경을 극복하고 부정을 긍정으로 바꾸는 방법을 이 매력적인 책 속에 낱낱이 풀어냈다. 가치를 따지기 힘들 만큼 소중한 책이다."

— 프레드릭 블록, 연방 지방법원 판사

차례

| PART 1 | 인식 단계의 원칙

어떻게 받아들이고 판단할 것인가

| PART 2 | 행동 단계의 원칙

신중하되 과감하게 나아가라

| PART 3 | 의지 단계의 원칙

운명을 바꾸는 가장 강력한 무기, 내면의 힘

모든 상황에는 이점이 있다

이 책이 처음 출간된 10년 전, 그리고 이후의 나날이 솔직히 나에게 그렇게까지 힘든 기간은 아니었다. 『돌파력』이라고 제목을 붙인 책에서 너무 힘들었다고 고백할 수는 없지 않은가.

그래도 쉽지 않았던 것만은 분명하다. 홍수와 화재 같은 자연재해를 겪었고, 혹독한 추위에 전력망과 수도관이 망가졌다. 기나긴 가뭄에 가축과 땅이 죽어 나가기도 했다. 참담하고도 치명적인 코로나 팬데믹이 여러 해 지속돼 수많은 계획이 물거품으로 돌아갔다(그 와중에 문을 열었던 독립 서점도 하마터면 숨통이 끊어질 뻔했다). 동업자가 분란을 일으키는가 하면 직원의 횡령 사건이 터졌다. 몇 차례 장례식에 다녀왔고, 한밤중에 걸려온 전화로 슬픈 소식을 접하기도 했다. 내가 뼈를 갈아 넣은 회사가 파산하는 바람에 이력서에 흠집이 생긴 것은 물론, 몇 년 치 연봉에 해당하는 스톡옵션이 날아갔다.

예부터 전해 내려오는 악담으로 '흥미진진한 시절을 겪기를……'이라는 말이 있다. 뭐, 흥미진진하긴 했다. 전 세계적으로 물류와 공급망이 위기를 맞이했다. 출판계는 용지와 인쇄기가 부족해 곤욕을 치렀다. 가정이 흔들렸고 하염없이 거리를 헤맨 적도 있다. 책이 베스트셀러 목록에서 밀려나는가 하면, 창의력의 차이와 복지부동을 상대로 매일같이 싸움을 벌이기도 했다. 지구 곳곳에서는 파시즘이 되살아나거나 소요 사태가 발생하고 제도가 무너지는 사태도 잇따랐다.

한편 긍정적인 변화도 적지 않았다. 결혼 10주년을 맞았고, 아이들이 태어났으며, 사업체를 운영하게 되었고, 일몰과 일출을 비롯한 아름다운 풍경과 새로운 발견을 마주했다. 멀어졌던 친구들과 다시 가까워졌고, 『돌파력』이 프로 스포츠 구단들의 라커룸과 정부 지도자들의 사무실에 놓여 있다는 소식이 들려왔다. 내가 쓴 다른 책들도 판매량이 급증할 조짐이 보였다. 많은 관심과 제안들, 금전적인 보상, 명성, 각종 플랫폼, 그에 따르는 사람들의 기대가 홍수처럼 밀려들기도 했다.

간단히 말하면, 삶은 계속되었다. 현대의 삶이지만, 기원전 3세기에 제논이 활동하던 스토아 학파나 약 500년 뒤 마르쿠스 아우렐리우스의 로마 시대 사람들에게도 전혀 생소하지는 않을, 그런 삶이었다.

이 책의 핵심을 제일 단순하게 표현하면 '모든 상황에는 이점이 숨어 있다' 정도가 될 것이다. 사업이든 조직이든 개인이든 아무리 난공불락처럼 보이는 상황도 극복할 방법을 찾아낼 수 있다. 세네카는 이런 글을 남겼다. "적절한 압력을 가할 줄 아는 사람은 힘든 시기를 이겨내고, 단단히 옭아맨 매듭을 풀고, 무거운 짐을 덜 수 있다."

어려운 시기일수록 이 말은 더욱 소중한 진리가 될 터, 나는 그토록 흥미진진한 시절을 거치면서 스토아 학파가 무엇을 말하고자 했는지 더 깊고 온전하게 이해하게 되었다. 그들 역시 오랜 세월에 걸쳐 고난과 투쟁을 겪으며 내리막이 있으면 반드시 오르막이 있다는 평범한 진리를, 나아가 그 진리를 뛰어넘는 심오한 교훈을 깨달았을 것이다. 암 진단을 받은 사람, 자식을 가슴에 묻은 사람, 치명적인 중독에 빠진 사람, 폭격을 당한 사람, 생계 수단을 송두리째 잃은 사람……. 이들에게 찬란한 희망을 얘기한들 얼마나 설득력이 있겠는가? 부질없는 일 아닐까.

나는 스토아 철학자들이 모든 장애물 속에 기회가 있다고 말했을 때, 그들이 말하는 기회란 '미덕을 실행할 기회'를 뜻한다는 걸 알아차렸다. 아무리 큰 불행이 닥쳐도 좋은 사람으로 남는 것. 아무리 나쁜 일을 당해도 좋은 일을 하는 것. 그들이 말하는 것은 '아레테(arete)'의 개념이었다. 도덕적으로, 또 개인적으로 최고의 탁월함. 직업상의 이점을 추구한다? 그건 그들의 관심사가 아니었다. 장애물이 곧 길이라는 말은 인생의 가장 힘들고 가장 가슴 아픈 순간조차도 인내심과 이타심, 용기와 인정, 그리고 품위를 통해 또 다른 기회로 승화할 수 있다는 의미였다.

그들은 또한 역경만을 염두에 둔 것이 아니었다. 성공 역시 미덕을 실행할 기회다. 성공을 거두면 유혹과 방심, 책임과 의무, 온갖 스트레스와 장애물이 따르기 마련이다. 그러니 풍요로울 때일수록 겸손을 잃지 않고, 분수를 지키고, 품위와 관용을 유념하며, 자신의 가치에 충실한 사람은 얼마나 위대한가.

위대하지만, 쉬운 일은 아니다.

내 인생에서 얻은 가장 큰 선물은 10대가 끝날 무렵 순전히 우연한 계기로 스토아 철학을 알게 된 것이다. 그 시절의 나는 인생의 나침반이 되어줄 가르침에 몹시 목말라 있었다. 비슷한 시기에 나의 소명은 글 쓰는 사람이 되는 것이라는 자각이 들었고, 결과적으로 나는 내가 사랑하는 그 두 가지를 한데 묶어 경력을 쌓아갈 수 있었다.

내가 2012년 여름에 『돌파력』의 기획안을 가지고 지금은 펭귄 랜덤하우스가 된 출판사를 처음 찾아갔을 때, 그들의 반응이 아주 긍정적이었다고는 말할 수 없겠다. 당시에는 마음에 상처를 적잖이 받았지만, 지금 생각하면 생소한 고대 철학을 들먹이는 책(그것도 스물다섯 살짜리 대학 중퇴생이 쓴)에 그만큼이라도 관심을 보여준 것은 그들의 열린 마음과 신뢰를 대변하지 않나 싶다.

담당 편집자는 이 책이 독자들을 만나고 꽤 오랜 시간이 지난 어느날, 내가 이런 철학 나부랭이에서 벗어나 마케팅과 비즈니스 서적 분야로 돌아오면 좋겠다고 말했다. 또한 내가 친구이자 후원자라고 생각했던 사람은 이 책이 5천 부도 팔리지 않을 거라고 떠벌리고 다녔다.

과소평가 역시 대개는 이점으로 작용하지만, 당시에는 큰 좌절감을 느낀 것도 사실이다. 모든 사람의 기대치는 바닥을 찍었다. 비즈니스 서적과는 전혀 어울리지 않는 콘셉트라는 점이 오히려 차별점으로 작용해 약간의 관심을 받았을 뿐이다. 출간 첫 주는 그럭저럭 괜찮았는데 빠른 속도로 판매량이 줄어들었다. 그래도 완전히 제로가 되지는 않았다. '아마존'에서는 일종의 미끼 상품으로 이 책의 전자책을 할인 판매했고 알고리즘은 내게 행운으로 작용했다. 1년 반쯤 지났을까, 슈퍼볼에 진출한 '뉴잉글랜드 패트리어츠' 선수들이 이 책을 읽었다는 소식이 전해지면서('시애틀 시호크스' 선수들은 쓰라린 패배를 당한 뒤에 이 책을 읽었다) 순식간에 출판사의 재고가 바닥을 드러냈다.

10년이 지난 지금, 『돌파력』은 40개 언어로 번역되었고 영문판만 2백만 부가 넘게 팔렸다. 판매량도 놀랍지만 내가 더 흥분한 부분은 이 '생소한' 고대 철학이 더는 생소하지 않다는 점이다. 2012년만 해도 에픽테토스와 세네카, 마르쿠스 아우렐리우스에게 관심을 보인 사람은 인터넷 전체를 통틀어 몇천 명에 지나지 않았다. 지금은 내가 2016년 시작한 인터넷 매체 '데일리 스토익(dailystoic.com)'에 매일 아침 9시 이전에 접속하는 사람만 백만 명이 넘는다. 역사상 어느 때보다도 지금 지구상을 살아가는 스토아 철학자가 많은 셈이다.

여러분은 아마 이 책과 '데일리 스토익'의 이메일에서 내가 내 이야기를 늘어놓지는 않는다는 점을 알아차렸을지도 모른다. 하지만 그렇다고 내가 스토아 철학을 이해하고 그와 관련한 글을 쓰는 데 나 자신의 경험이 아무 영향도 미치지 않았다는 뜻은 아니다. 그럴 리가 있겠나.

사실 나의 경험은 언제나 장애물이 어떻게 길이 되는지를 보여주는 또 하나의 사례다. "작가(를 포함한 모든 사람)는 자기에게 일어나는 모든 일을 소재로 삼을 수 있어야 한다." 문학계의 거장 호르헤 루이스 보르헤스의 말이다. "어떤 것이 우리 앞에 나타나는 이유는 나름의 목적이 있기 때문이며, 예술가는 이 점을 더욱 명확히 느껴야 한다. 조롱, 불운, 당혹감을 포함해 우리에게 벌어지는 모든 일은 진흙과도 같은 원재료이며, 우리는 그 재료를 다듬어 예술 작품을 만들어야 한다."

경험은 창작의 연료로 작용하며, 정보와 지침을 제공하기도 한다. 아무리 끔찍하고 부당하고 값비싼 경험이라 할지라도 그 뼈저린 경험을 가지고 뭔가 작품을 만들어낼 수 있는 나는 세상에서 제일 좋은 직업을 가졌다는 걸 깨달았다. 이렇게 생각하면 세상에 백 퍼센트 나쁘기만 하고 아무짝에도 쓸모없는 일이란 없다. 모든 일에는 씁쓸할지라도 위안이 숨어 있고, 그 씁쓸함을 딛고 앞으로 나아가 생산적으로 활용할 길 역시 숨어 있다.

나만 그런 것이 아니다. 정치 지도자도, 코미디언도, 운동선수도, 군대의 장교도, 부모도 마찬가지다. 우리에게 일어난 일은 우리 자신과 다른 사람들을 위해 좀 더 좋은 방향으로 활용할 수만 있으면 아무런 문제도 되지 않는다.

따라서 이제부터 여러분이 읽게 될 내용은 역사와 철학에 뿌리를 두었을 뿐 아니라 성공과 실패, 좋았을 때와 그렇지 못한 때, 좌절과 돌파로 점철된 내 개인사가 낳은 산물이기도 하다. 다시 처음으로 돌아간다면 이 책을 다르게 쓸 수 있었을까? 물론이다(이 개정판에도 수정한 부분이 있다). 10년 후에는 내가 더 현명해지고 철학을 더 깊이 이해하게 되어 더 나은 개정판을 낼 수 있으면 좋겠다.

그러나 이 책에 담긴 모든 내용은 그것을 쓸 당시 나에게 꼭 필요한 것들이었으며, 무엇보다도 나 자신이 배워야 할 교훈들이었다. 이 책이 세계의 독자들에게도 가치가 있다면, 그것은 마르쿠스 아우렐리우스의 말마따나 '자연의 우연'이자 '시간을 초월한 과정의 유쾌한 부산물'일 터이다.

이것이 바로 수천 년의 세월을 이어가는 위대한 대화, 즉 스토아 철학의 본질이다. 이 철학을 실천하는 이들은 크고 작은 순간들 속에서 장애물과 기회를 통해 스스로 뛰어난 존재가 되라고, 미덕을 따르고 꼭 해야 할 일을 하라고 자신을 다독인다.

여러분을 그 과정으로 초대할 수 있어 영광이다.

『명상록』에서 발견한 장애물 돌파의 힘

서기 170년의 어느 한밤중, 게르마니아 전쟁에 나선 로마 제국의 황제 마르쿠스 아우렐리우스는 전선의 막사에 앉아 펜을 들었다. 때로는 국경에서, 어쩌면 콜로세움의 처참한 살육을 외면한 채 잠시 짬을 내었는지도 모른다. 장소는 중요하지 않다. 중요한 것은 오늘날 5현제(Five Good Emperors)의 마지막 황제로 알려진 그가 펜을 들고 자리에 앉았다는 사실이다. 이 글은 누구에게 보여주거나 발표하기 위해 쓴 게 아니다. 순전히 자기 자신을 위한 글이었다.

그가 쓴 글은 후세의 우리가 인생을 살아가면서 맞닥뜨릴 모든 나쁜 상황을 극복하기 위한, 역사상 가장 효과적인 공식 가운데 하나가 되었다.

마르쿠스 아우렐리우스가 누구인가? 19년에 이르는 재위 기간 동안 끊임없이 전쟁과 전염병과 배신에 시달렸고, 소아시아에서 시리아, 이

집트, 그리스와 오스트리아에 이르는 제국을 끊임없이 탐험해야 했으며, 재정이 급속도로 악화되는 가운데, 지극히 무능하고 탐욕스러운 이 복형제 겸 공동 황제를 견제해야 했던 인물이다.

우리는 역사를 통해 그가 놀라운 인내심과 용기, 겸손, 책략, 이성, 정의, 그리고 창의성을 바탕으로 이 모든 장애물을 돌파했다는 사실을 알고 있다. 그는 권력 앞에 초연했으며 무절제, 분노, 증오, 비탄 따위를 끊임없이 경계해 머릿속에 끼어들 틈을 주지 않았다. 로마의 황제이되 철학자로서의 자세를 유지하려 평생을 노력한 그는, 후세의 많은 사람들이 인정하듯 세계 최고, 최강의 인품을 지닌 사람으로 알려져 있다. 이는 당시 그의 주변에서 활동했던 인물들의 한결같은 증언으로도 충분히 입증된다.

아우렐리우스가 쓴 글들은 『명상록』에 고스란히 담겨 동서고금에 걸쳐 면면히 읽히고 있다. 스토아 철학에 심취해 그의 책과 스토이즘에 관한 책을 읽고 연구한 나는 그의 글 중에서도 단 한 단락에 주목했다. 그는 이 한 단락의 문장에 자신보다 앞서 살다 간 위대한 현인들을 능가하는, 만고불변의 진리를 담아냈다.

"인생은 예상치 못한 장애물로 가득 차 있다. 하지만 그 무엇도 우리가 가진 나름대로의 행동방식과 기질을 방해할 수는 없다. 우리는 상황을 자신에게 맞게 받아들이고 적응할 능력을 갖고 있다. 마음을 상황에 적응시킬 수 있으며, 행동을 가로막는 장애물을 자신의 목적에 맞게 변화시킬 수 있다."

이어서 유명한 금언으로 남은 강력한 한마디로 결론을 낸다.

"장애물이 행동을 추동한다. 길을 가로막는 장애물이 길이 된다."

아우렐리우스의 표현을 빌리자면, 이것은 '장애물을 거꾸로 세우는' 기술이다. 장애물을 역이용하면 우리가 가야 할 곳으로 인도하는 또 다른 길을 발견할 수 있다는 것이다.

마르쿠스 아우렐리우스가 남긴 지혜는 시공을 초월해 그를 따른 많은 후손들에게 고스란히 전수되었다. 멀게는 로마 제국에서부터 르네상스, 계몽주의를 거쳐, 미국 서부 시대의 개척 정신, 남북전쟁, 산업혁명의 열기, 인권운동가들의 용기, 가깝게는 최첨단 기업과 세상을 바꾸는 조직체의 지도자들, 그리고 올림픽 금메달리스트들까지 그 지혜에 의지한다. 특수부대 사령관들과 활동가들이 즐겨 쓰는 도구이기도 하다. 그들이 실제로 스토아 철학을 공부했는지 안 했는지는 중요하지 않다. 수많은 행동가들이 이 철학의 가르침을 행동으로 옮겨 실천함으로써 인생의 역경을 극복하고 승리와 기쁨을 쟁취해냈다는 사실이 중요하다. 알다시피 인생에서 유일한 상수로 작용하는 것이 바로 이 같은 노력 여부다.

시대는 변했지만 삶의 본질은 달라지지 않았다. 비록 황제는 아니지만 세상은 여전히 우리를 시험에 들게 한다. 오늘도 우리는 직장에서, 전쟁터에서, 거리에서, 가정에서 매일, 매순간 자신에게 닥친 장애물과 맞닥뜨리고 있으며, 문제를 해결하기 위해 피나는 노력을 거듭하고 있다. 그 어귀마다 수많은 질문이 우리를 가로막는다.

'나는 가치 있는 존재인가?' '지금 내 앞을 가로막은 장애물을 극복할 수 있는가?' '당당하게 버티고 서서 내가 어떤 존재인지 보여줄 수 있는가?' '인생 앞에 당당할 수 있는가?'

우리는 아우렐리우스의 적법한 상속인이다. 어떤 상황이 벌어지건, 심지어 지금까지 겪어본 것 중 최악의 상황이라 해도 우리가 포기하지만 않는다면 언제나 선택지는 있다.

'장애물이 우리를 가로막도록 내버려둘 것인가, 그것을 돌파해 전진할 것인가?'

수많은 사람들이 이 질문에 긍정적인 답변을 내놓았다. 이제 나 자신이 그런 사람이 될 수 있는지, 그 대열에 합류할 수 있는지 알아볼 차례다. 이 책이 그 길을 안내할 것이다.

지금, 당신을 가로막는 장애물은 무엇인가

당신 앞에 뭔가 가로막고 있다. 정말이지 짜증나고, 불행하고, 골치 아프고 예상치 못했던 문제가 떡하니 버티고 앉아, 당신을 막고 있다. 제발 일어나지 않기를 남몰래 기도했던 사태가 벌어지고 만 것이다. 이제 어떻게 할 것인가?

부패한 정치, 불합리한 제도, 높은 실업률, 치솟는 교육비, 악화된 자연환경이 우리를 위협한다. 예상치 못한 재난이 사랑하는 이를 앗아가기도 하고, 각종 법률과 규제가 앞길을 가로막기도 한다. 도전하기에는 나이가 너무 많다고 느낄 수도 있고, 충분한 돈과 지원이 없어서, 키가 너무 작아서, 밀어줄 사람이 없어서 또는 책임질 가족이나 자신감 부족에 발목을 잡히는 사람들도 많다. 맘먹고 뭔가 해보려 하면 방해물이 기다렸다는 듯 나타나 길을 막아선다. 마치 보이지 않는 누군가가 당신을 상자 속에 집어넣고 꼼짝 못하게 짓누르는 느낌이 든다.

그때마다 당신, 아니 대다수 사람들이 하는 일은 비슷하다. '아무것
도 하지 않는 것.' '할 수만 있다면 도망치거나 외면하는 것.' 아니라고?
미안하지만 이것은 어느 정도 사실이다. 상사를 비난하고, 나빠진 경제
상황과 정치를 탓하거나 타인에게 책임을 돌리며, 혹은 스스로를 실패
자로 규정하거나 작은 목표마저 실현 불가능한 것으로 쉽게 못박아버
린다.

장애물 속에 기회가 있다

옛이야기 하나를 소개한다. 어느 임금이 백성들이 점점 나약해지고 타
성에 젖어가는 것 같아 근심을 하던 중에, 그들에게 한 가지 교훈을 주
기로 마음먹었다. 그는 대로 한복판에 커다란 바위를 가져다놓아 도시
를 드나드는 사람들의 출입을 막아버리게 했다. 그러고는 근처에 숨어
서 백성들의 반응을 지켜보았다.

어떤 일이 벌어질까? 백성들이 힘을 합쳐 이 바위를 치울까? 아니면
낙담해서 그냥 발걸음을 돌릴까?

임금은 이 난관과 마주친 백성들이 예외 없이 그냥 돌아서는 것을 보
고 실망을 금치 못했다. 기껏해야 바위를 치우려고 애쓰는 척하다가 이
내 포기해버리는 사람들이 대다수였다. 불평을 늘어놓거나, 임금에게
비난을 돌리거나, 이 일을 어떻게 하면 좋으냐고 발을 동동 구르거나,
자신의 불운을 탓하는 사람은 많았지만, 정말로 뭔가 현실적인 대책을

마련하려고 노력하는 사람은 아무도 없었다.

며칠 후, 한 농부가 나타났다. 그는 쉽사리 포기하지 않았다. 바위를 치워보려고 있는 힘을 다했지만, 바위는 꿈쩍도 하지 않았다. 그때 농부에게 한 가지 묘수가 떠올랐다. 그는 근처 숲으로 들어가 사방을 뒤지기 시작했다. 지렛대로 쓸 만한 나뭇가지를 찾는 것이었다. 이윽고 그는 커다란 나뭇가지로 지렛대를 만들어 길을 가로막은 바위를 굴려냈다.

바위 밑에는 금화가 가득한 주머니와 함께, 임금이 쓴 쪽지가 한 장 놓여 있었다.

"모든 장애물 속에는 더 나은 현실을 만들 기회가 숨어 있다는 사실을 잊지 말라."

우리는 상처를 통해 배운다

무엇이 여러분의 앞길을 막고 있는가?

물리적 장애물? 못마땅한 외모, 가난, 지역, 인종….

정신적 장애물? 두려움, 경험 부족, 자존감 저하, 우울, 무기력….

장애물이 무엇이건 간에, 우리는 지금 여기 있다. 죽기 전까지 어떻게든 살아내야 하고 기왕이면 잘 살아야 한다.

우리보다 먼저 살다 간 선배들의 족적을 살펴보라. 운동선수로 성공하기에는 체구가 너무 작은 사람들도 있다. 조종사가 되기에는 시력이 나쁜 사람들도 있다. 우리에게 널리 알려진 인물들 중에는 낙제생도 있고 난독증으로 고생한 사람도 있다. 심지어 일상적으로 존재 자체를 위협받는 환경 속에서 자란 사람들도 있다. 이들은 어떻게 했을까?

많은 사람들은 포기한다. 하지만 그러지 않은 사람도 있다. 어떤 이들은 두 배로 도전한다. 더욱 열심히 노력하고, 지름길을 찾아내거나 약한 고리를 공략한다. 낯선 사람들 사이에서 친구가 될 만한 이들을 찾아내기도 한다. 물론 실패를 경험할 때도 있다. 분명한 것은 그들에게도 '모든 것'이 극복해야 할 장애물이라는 점이다.

장애물 속에 기회가 숨어 있었다. 그들은 그 기회를 움켜쥐었다. 그 덕분에 뭔가 남다른 일을 할 수 있었다. 우리도 그들에게서 교훈을 얻어야 한다.

일자리를 찾지 못해 고민인 사람들, 차별과 맞서 싸우는 사람들, 자금이 부족해서 난관에 부딪힌 사람들, 인간관계 때문에 상처를 입는 사람들, 강력한 맞수와의 경쟁에 힘이 부치는 사람들, 도저히 납득이 안 가는 직원이나 상사 때문에 고민하는 사람들, 창의력이 고갈되어버린 느낌에 사로잡힌 사람들, 이런 사람들은 어디엔가 반드시 길이 있다는 확신을 가져야 한다. 난관에 부딪히면 오히려 그것을 기회로 승화시킬 수 있어야 한다.

정치, 사업, 예술, 심지어는 유혹에 이르기까지, 모든 위대한 승리는 창의력과 집중력, 과감한 결단력으로 골치 아픈 문제를 해결한 결과이다. 뚜렷한 목적의식만 있으면 장애물은 우리가 가야 할 길을 알려주는 존재로 바뀐다. 벤저민 프랭클린은 "우리는 상처를 통해 배운다"라고 말하지 않았던가.

　사실 오늘날 우리가 마주치는 대부분의 장애물은 외부적인 것이 아니라 내적인 것들이다. 제2차 세계대전 이후로 우리는 인류 역사상 가장 풍요로운 시대를 살고 있다. 예전에 비해 치명적인 전쟁이나 질병이 크게 줄었으며, 그 대신 안전장치가 확대되었다.

　우리는 적을 마주하는 대신 내적인 긴장과 맞서야 한다. 우리가 안고 있는 문제점 중에는 너무 많이 가져서 생기는 것들이 적지 않다. 급격한 기술 발전으로 인한 혼란, 정크푸드, 인생을 이러저러하게 살아야 한다고 강요하는 전통도 때로는 우리의 앞길을 가로막는다. 그래서 더욱 나약해지고 타성에 젖거나 갈등을 두려워하게 된다. 좋은 시절이 이어지면 사람은 약해지기 마련이다. 많은 사람들이 증언하듯, 풍요 그 자체가 장애물로 작용하는 경우도 많다.

　우리 세대는 그 어느 때보다 장애물을 극복하고 혼란 속에서 번영을 구가하는 접근 방법을 필요로 한다. 위기를 기회로 바꿈으로써 그 캔버스에 희대의 걸작을 그려낼 방법을 찾아야 한다. 이러한 유연한 접근 방법은 기업가나 예술가, 스포츠 감독에게만 필요한 것이 아니다. 좋은 작품을 쓰기 위해 노력하는 작가나 하루가 짧기만 한 맞벌이 부부 역시 마찬가지다. 당신도 예외가 아니다.

스토아 철학을 실천한 이들의 교훈

여기, 장애물 앞에 굴복하지 않고, 오히려 더 큰 인간으로 성장한 사람들이 있다. 장애인으로 태어나 아테네의 위대한 웅변가가 된 데모스테네스에게는 성장하고자 하는 강력한 욕구가 있었다. 에이브러햄 링컨에게는 겸손과 인내, 그리고 인간에 대한 연민이 있었다. 존 D. 록펠러에게는 냉철한 머리와 엄격한 자제력이 있었다.

여러분은 이 책을 통해 그 밖의 많은 이름들을 만나게 될 것이다. 율리시스 S. 그랜트, 토머스 에디슨, 마거릿 대처, 새뮤얼 제머레이, 어밀리아 이어하트, 드와이트 D. 아이젠하워, 리처드 라이트, 잭 존슨, 시오도어 루스벨트, 스티브 잡스, 제임스 스톡데일, 로라 잉걸스 와일더 등.

이들은 오늘날 우리가 일상적으로 느끼는 좌절감에 덧붙여, 장기간의 투옥과 치명적인 질병, 정치적 역풍, 사건사고, 분열, 스트레스, 경제적 어려움 등 온갖 시련과 난관을 만났다.

각자 방식은 다르지만 이들은 그런 압박에 맞서 변화를 이끌어냈다. 그들이 시도한 변화는 인텔의 최고경영자였던 앤디 그로브(Andy Grove)가 격동기의 기업들에서 나타나는 변화를 설명한 다음의 한 구절 속에 고스란히 응축되어 있다.

"위기가 닥칠 때 '나쁜 기업'은 망한다. '좋은 기업'은 살아남는다. 하지만 '위대한 기업'은 더욱 발전한다."

사람도 마찬가지다. '위대한 개인'은 위대한 기업과 마찬가지로 약점을 강점으로 승화시킬 방법을 찾아낸다. 지금 이 순간 발목을 붙잡고 있는 장애물을 거꾸로 세워 도약의 발판으로 삼는 것이다. 이것이야말로 역사상 위대한 인물들이 가지고 있는 공통점 가운데 하나다. 마치 타오르는 불길에 산소를 공급하듯, 장애물은 그들의 야심에 연료를 공급해주었다. 그 무엇도 그들의 용기와 의지를 꺾지 못했다. 역경은 그들을 더욱 맹렬히 불타게 했을 뿐이다.

이런 사람들이 바로 마르쿠스 아우렐리우스의 가르침, 키케로가 유일한 '진짜 철학자들'이라 불렀던 고대 스토아 학파의 가르침을 따른 이들이다. 설령 그들이 스토아 학파의 저술을 읽지 않았다 해도 상관없다. 그들은 장애물의 본질을 있는 그대로 바라볼 능력과 창의력을 가지고 있었으며, 통제 불가능해 보이는 세상을 견뎌낼 의지력을 발휘했다.

솔직히 말해서 우리가 마주치는 장애물들은 대부분 도저히 꼼짝달싹도 못할 만큼 심각한 것들이 아니다. 그보다는 불리한 면이 다소 있다든지, 이왕이면 좀 더 좋은 조건이었으면 하는 정도일 때가 많다. 드물게 도저히 내 힘으로 어쩔 수 없는 상황과 맞닥뜨릴 때도 있긴 하다. 하지만 이때도 장애물을 거꾸로 세워 뭔가 이익이 되는 측면을 찾아내고, 그것을 연료로 삼아 추진력을 얻으면 극복 가능하다.

말은 간단하지만 물론 쉬운 일이 아니다. 이 책은 장밋빛 낙관주의를 설파하는 책이 아니다. 일이 제대로 풀리지 않으면 반대쪽 뺨을 내미는 심정으로 현실에 적응하라고 강조하는 책도 아니다. 듣기에는 그럴듯하지만 실제로는 아무 효과도 없는 감언이설을 늘어놓는 책도 아니다.

그렇다고 스토아 학파의 역사를 다루는 연구서는 더더욱 아니다. 스토아 철학의 역사에 대해 알고 싶다면 수많은 석학들이 쓴 원전을 읽어보기 바란다.

내가 이 책을 쓴 이유는 현자들이 남긴 지혜를 공유하여 우리 앞에 놓인 대단히 구체적이고 시급한 목적, 즉 장애물을 돌파하고 극복하는데 도움을 주기 위해서다. 여기서 말하는 장애물에는 정신적 장애물, 물리적 장애물, 감정적 장애물, 심리적 장애물 등이 모두 포함된다.

우리는 매일같이 이런 장애물과 맞닥뜨린다. 그럴 때마다 조금이라도 나은 대처 방법을 찾아낸다면, 중요한 첫발을 떼어놓는 셈이다. 그러나 그보다 더 중요한 것이 있다. 만약 여러분이 모든 장애물을 '장점'으로 바꿔놓는다면 어떨까? 여러분이 되어야 할 존재에 한 발 더 다가서기 위해 그 장애물을 활용할 수 있다면?

그 방법을 보여주기 위해 나는 역사를 통해 집요한 끈기와 불굴의 창의력을 보여주는 실증적인 이야기들을 소개하고자 한다. 어떻게 하면 우리가 마주치는 수많은 부정적인 상황을 긍정적인 것으로 바꿀 수 있는지, 어떻게 하면 불운에서 행운을 훔칠 수 있는지 그 방법을 나눌 것이다.

지금 이 순간에도 장애물을 기회로 삼아 새로운 길을 만들어가는 사람들이 있다. 여러분은 이 책을 통해 그 힘을 발견하게 될 것이다.

장애물 돌파를 위한 세 단계

지금 이 순간, 객관적으로 판단하라.
지금 이 순간, 헌신적으로 행동하라.
지금 이 순간, 벌어지는 모든 일들을 기꺼이 받아들이라.
필요한 것은 이게 전부다.

- 마르쿠스 아우렐리우스 -

장애물을 돌파하는 데는 가장 중요한 세 단계가 있다.

출발점은 우리의 문제점, 우리의 태도나 접근 방법을 구체적으로 직시하는 단계(인식)다. 그 다음은 뜨거운 열정과 창의력을 발휘해 실제로 장애물을 제거함으로써 기회를 만들어내는 단계(행동)이며, 마지막은 거듭된 실패와 난관에 대처할 수 있는 내적 자아를 배양하고 유지하는 단계(의지)다.

이 세 가지는 서로 밀접히 연관돼 있다. 과정 자체는 단순해 보이지만 단순하다고 해서 쉬운 것은 아니다.

우리는 지금부터 역사와 경제, 문학을 통해 위대한 사람들이 어떻게 이러한 과정을 활용했는지 살펴볼 것이다. 각각의 단계를 거쳐 간 구체적인 사례들을 다양한 각도에서 살펴봄으로써 이러한 태도를 배우고 그 독창성을 포착할 수 있을 것이다. 이것은 한쪽 문이 닫힐 때마다 반대편 문을 여는 방법을 발견하는 과정이기도 하다.

또한 우리는 선조들의 이야기를 통해 보편적 장애물을 돌파하는 방법, 그리고 그들이 보여준 접근 방법을 우리의 삶에 적용하는 방법을 배우게 될 것이다. 왜냐하면 장애물은 충분히 예측 가능한 것일 뿐 아니라, 기꺼이 포용해야 하는 그 무엇이기도 하기 때문이다. 장애물을 기꺼이 포용한다고? 그렇다. 장애물은 사실상 우리가 자신을 시험하고, 새로운 것을 경험하며, 나아가 성공을 움켜쥘 수 있는 좋은 기회이기 때문이다.

장애물이 곧 길이다.

PART 1

인식 단계의 원칙
Perception

어떻게 받아들이고 판단할 것인가

인식은 우리를 둘러싸고 벌어지는 일들을 바라보고 이해하는 방식, 또한 우리가 그 사건들이 어떤 의미인지를 판단하는 방식이다. 어떻게 인식하느냐에 따라 강력한 힘의 원천이 될 수도 있고, 반대로 엄청난 무기력의 원천이될 수도 있다. 감정적이고 주관적이고 근시안적으로 사태를 바라보면 문제가 더욱 복잡해질 뿐이다. 주변의 소용돌이에 휩쓸리는 사태를 방지하기 위해서는 무분별한 열정이 우리의 삶을 좌우하지 못하도록 단속할 필요가 있다. 부정확한 상황 판단을 예방하고, 믿을 만한 신호와 그렇지 못한 것을 구분하며, 선입견과 기대치, 두려움을 걸러내기 위해서는 일정한 기술과 훈련이 필요하다.

남들이야 흥분을 하건 두려움에 사로잡히건 상관없이 우리는 끝까지 침착함을 유지해야 한다. 지극히 단순하고 객관적인 시선으로 사물을 바라보고, 좋든 싫든 있는 그대로의 진실을 발견하기 위해 노력해야 한다. 바로 이런자세가 장애물과 맞서는 데 엄청난 도움을 주기 때문이다.

록펠러처럼, 보아라

존 D. 록펠러(John D. Rockefeller)는 석유업에 뛰어들기 전에 오하이오 주의 클리블랜드에서 소규모 금융업자로 회계 일을 하며 투자자로 활동했다. 알코올 중독자이던 아버지가 범죄를 저지르고 가족을 버린 와중에, 어린 록펠러는 16세이던 1855년에 처음으로 일자리를 구했다. (그는 죽을 때까지 그날을 '취업의 날'로 기념했다.) 일당은 50센트에 불과했지만 그것만으로도 순탄한 앞길이 보장된 것 같았다.

하지만 이내 위기가 찾아왔다. 1857년, 오하이오에서 비롯한 금융 위기가 클리블랜드를 강타한 것이다. 미국 전역에서 망하는 사업체가 속출하고 곡물 가격이 치솟는 바람에, 서부를 향해 뻗어가던 경제는 진격을 멈추었다. 그로 인한 극심한 불경기가 몇 년 동안 이어졌다.

이런 상황이라면 겁이 날 만도 했을 것이다. 이제 막 사회에 첫발을 내딛다시피 한 록펠러는 역사상 최악의 불경기를 마주해야 했다. 아버지처럼 꼬리를 내리고 도망쳐버릴 수도 있었을 것이다. 금융업을 포기하고 좀 더 리스크가 적은 다른 업종을 선택할 수도 있었을 것이다. 하지만 록펠러는 젊은 나이에도 불구하고 커다란 압박 속에서도 좀처럼 흔들리지 않는 냉정함을 가지고 있었다. 알거지가 되는 한이 있어도 고개를 떨구지 않았다. 남들이 다 고개를 푹 떨구어도 그는 꿈쩍도 하지 않았다.

덕분에 록펠러는 극심한 경제 위기를 한탄하는 대신 면밀히 현실을 관찰했다. 고집스럽게 이 위기를 통해 뭔가 하나라도 더 배우고 시장의 세례를 받을 기회로 삼기 위해 노력했다. 차분하게 돈을 모으며 남들이 저지르는 실수를 지켜보았다. 남들은 모두 당연한 것으로 여기는 경제의 약점을 파악하여 왜 그들이 변화와 충격에 대처할 준비를 하지 못했는지 분석했다.

록펠러는 이 시기에 체득한 교훈을 평생 동안 잊지 않았다. 시장은 본질적으로 예측이 불가능하고 때로는 제멋대로 움직이는 것처럼 보인다. 그러니 합리적인 사고방식으로 훈련되지 않은 사람들은 그 불합리한 시장에서 이득을 취할 수가 없다. 그는 투기가 곧 재앙으로 이어진다는 사실을 깨달았으며, '미친 군중'이 몰려가는 쪽을 외면했다.

록펠러는 이내 이런 통찰력을 활용하기 시작했다. 그가 스물다섯 살이었을 때 투자자들이 그에게 약 50만 달러의 거금을 내놓으며 적당한 유전을 찾아내 투자해달라고 했다. 록펠러는 이 기회를 놓치지 않으려고 감사한 마음으로 인근의 유전들을 둘러보기 시작했다. 며칠 뒤, 그는 단돈 1달러도 투자하지 않고 빈손으로 클리블랜드로 돌아와 투자자들을 경악에 빠뜨렸다. 아무리 시장이 미쳐 돌아간다 해도 그가 판단하기에는 아직 적당한 때가 아니었고, 그래서 자금을 모두 돌려주고 시추를 포기한 것이다.

록펠러가 남북전쟁을 비롯해 1873년과 1907년, 1929년의 엄청난 위기를 번번이 기회의 장으로 바꿔놓을 수 있었던 원동력은 이 같은 냉철한 자제력과 객관성이었다. 훗날 그는 재앙이 닥칠 때마다 그 속에서 새로운 기회를 발견하기 위해 노력했다고 말했다. 또한 그는 어떤 상황에서도 달콤한 유혹과 흥분에 이성을 빼앗기지 않을 힘을 가지고 있었다.

록펠러는 첫 번째 위기가 찾아온 지 20년이 채 지나지 않아 석유 시장의 90퍼센트를 장악했다. 그 사이에 탐욕스러운 그의 경쟁자들은 파멸의 쓴잔을 들이켰다. 진득하지 못했던 그의 동료들은 지분을 팔아치우고 손을 털었다. 그에게 믿음을 갖지 못한 측근들도 기회를 잃었다.

록펠러는 평생을 통해 혼돈이 깊어질수록 더욱 차분해졌고, 주위 사람들이 공포에 사로잡히거나 욕심에 눈이 멀었을 때도 이성을 잃지 않았다. 오히려 그는 시장이 급격히 요동칠 때 재산의 대부분을 축적했다. 남들이 보지 못하는 것을 볼 수 있었기 때문이다. 이러한 통찰력은 "남들이 욕심을 부릴 때 두려움을 품고, 남들이 두려움을 품을 때 욕심을 부려라"라는 워런 버핏(Warren Buffet)의 유명한 금언 속에 면면히 살아 있다. 록펠러는 다른 뛰어난 투자자들과 마찬가지로, 냉철한 상식으로 일시적인 충동을 억제할 수 있는 힘을 가진 인물이었다.

누군가는 스탠더드 오일 트러스트를 일컬어, 경쟁 업체나 정부에서 방해 공작을 펼칠 때마다 눈부신 변신을 거듭하는 '신화적인 존재'라고 했다. 비판적인 의미를 담은 표현이지만, 이런 비판과 명백히 불법적이라고 할 수밖에 없는 독점 전략 또한 록펠러의 성격을 말해준다. 그는 지극히 탄력적이고 적응력이 강하며 차분하면서도 성장을 멈추지 않아, 찍어 누르기가 아주 힘든 인물이었다. 어떤 경제 위기가 닥쳐도, 아무리 공격적이고 위협적인 적이 나타나도, 신기루처럼 교묘한 유혹이 어른거려도, 심지어는 연방 검사들조차도 그를 흔들 수 없었다.(검사들에게 록펠러는 변명을 늘어놓거나 당황하는 법이 없고, 쉽게 미끼를 물지 않기 때문에 심문하기가 굉장히 까다로운 증인으로 꼽혔다.) 위대한 투자자들은 이렇듯 합리적인 자제력을 기름으로써, 남들 눈에는 보이지 않는 것을 파악하고 냉철하게 상황을 분석해 앞날을 예측한다.

록펠러는 이런 기질을 선천적으로 타고난 것일까? 그렇지 않다. 그것은 학습의 결과였다. 록펠러가 이 같은 교훈을 터득한 결정적인 계기가 있었다. 1857년의 위기에서, 본인 스스로 '역경과 스트레스의 학교'를 경험한 덕분이었다. 그는 이런 말을 한 적이 있다. "삶의 토대를 마련하기 위해 발버둥쳐야 하는 젊은이들은 사실 엄청난 축복을 받은 셈이다. 나는 견습생의 신분으로 온갖 어려움을 극복해야 했던 그 3년 반의 세월에 죽을 때까지 두고두고 고마워해야 한다."

물론 록펠러와 비슷한 시련을 겪는 사람은 수없이 많다. 말하자면 그들 모두 록펠러와 같은 '학교'를 다니는 셈이다. 하지만 록펠러가 거둔 성과를 경험하는 사람은 극소수에 지나지 않는다. 장애물 속에서 기회를 발견할 수 있도록 스스로를 훈련하지 못하고, 그것이 구제 불능의 불운이 아니라 소중한 배움의 장이라는 사실을 인식하지 못한다. 사실 경제사를 통틀어 이런 깨달음을 얻을 수 있는 기회는 그리 자주 찾아오지 않는다.

살다 보면 누구나 장애물과 마주칠 수밖에 없다. 그것이 공정하냐 아니냐는 별개의 문제다. 세월이 흐르고 경험이 쌓일수록, 우리는 이 장애물이 무엇이냐가 중요한 게 아니라 그것을 어떻게 바라보고 어떤 식으로 대처하느냐, 어떻게 하면 차분한 이성을 유지할 수 있느냐가 중요하다는 사실을 알게 된다.

얼마나 성공적으로 장애물을 극복하고 그로 인해 번영을 누리느냐가 바로 여기에 달려 있다.

어떤 사람은 위기라고 생각하는 상황을, 또 어떤 사람은 기회라고 생각한다. 어떤 사람은 성공에 도취되어 정신을 못 차릴 때, 또 어떤 사람은 더없이 냉철하고 객관적인 시선으로 현실을 바라본다. 어떤 사람은 감정의 늪에 빠져 허우적거리고, 또 어떤 사람은 끝까지 차분한 이성을 잃지 않는다. 좌절, 절망, 두려움, 무력감… 이런 것들은 우리의 인식이 만들어내는 결과물이다. 절대 이 점을 잊어서는 안 된다.

무언가가 우리를 이렇게 느끼도록 만드는 것이 아니라, 우리 스스로가 그런 감정을 선택하는 것이다. 물론 록펠러처럼 그런 것을 선택하지 않을 수도 있다.

록펠러가 상상을 초월하는 성공을 거둔 비결이 바로 이 차이—주변 환경을 인식하는 방식에서 드러나는 록펠러와 다른 사람들의 차이—에서 비롯한다. 록펠러의 신중하면서도 조심스러운 자신감은 엄청난 힘의 원천으로 작용했다. 다른 사람들이 부정적으로 생각하고 두려워하거나 애통해 하는 요소들을 지극히 합리적으로 받아들여, 위기가 아닌 기회로 승화시킨 것이다.

이런 이야기를 하나의 비유로 치부해서는 곤란하다.

우리는 지금 또 한 번의 '금박 시대(Gilded Age)'를 살고 있다. 불과 15년도 안 되는 기간 동안 우리는 거품경제의 몰락과 전 세계를 휩쓴 팬데믹, 대규모 소요 사태, 기술의 붕괴를 경험했다. 산업 전체가 무너져내리고, 사람들은 갈피를 잡지 못하고 방황한다. 절망적이고, 부당하고, 끔찍한 상황이다. 그렇지 않은가?

꼭 그렇지는 않다.

겉으로 드러나는 모습에 속으면 안 된다. 모든 것은 우리가 상황을 어떻게 바꾸는가에 달려 있다.

우리는 환상을 걷어내고 다른 사람들이 믿는 것, 혹은 두려워하는 것을 다른 각도에서 바라보는 방법을 배워야 한다. 앞에 가로놓인 '문제'를 문제로 인식하지 않는 방법을 배워야 한다. 그러기 위해서는 외관이 아니라 본질에 초점을 맞춰야 한다.

우리는 지나치게 감정에 사로잡혀 의기소침하거나 전망을 잃어버리는 경우가 많다. 그렇게 되면 나쁜 일이 정말로 나쁜 일이 된다. 아무런 도움도 되지 않는 인식의 포로가 되어 마치 나침반을 잃어버린 사람처럼 이성과 의지, 행동의 근거를 상실하게 되는 것이다.

우리의 뇌는 지금과는 전혀 다른 환경 속에서 진화해왔다. 그 결과 우리는 모두 각종 생물학적 부담을 안고 있다. 더 이상 존재하지 않는 위협과 위험으로부터 스스로를 보호하기 위해 몸부림칠 때도 많다. 돈 때문에 고민할 때 식은땀이 나거나, 상사가 고함을 지르면 '싸움-도주 반응'이 나타나는 것을 생각해보라. 엄밀히 말해서 이것은 실제로 우리의 안전이 위협을 받는 상황은 아니다. 밥을 굶거나 심각한 폭력 사태가 발생할 가능성은 거의 없다. 물론 그런 느낌이 드는 경우도 전혀 없지는 않지만.

우리는 이런 상황에 대해 어떤 반응을 보일지 선택할 수 있다. 자신의 원초적인 감정에 맹목적으로 이끌릴 수도 있고, 그 실체를 파악해 합리적으로 걸러낼 수도 있다. 인식 훈련을 통해 어떤 상황에서도 당황하거나 두려움에 사로잡히지 않고 최적의 대응 방안을 찾아낼 수 있다.

록펠러는 이 점을 잘 이해하고 있었기 때문에 바람직하지 못한, 파괴적인 인식의 족쇄를 벗어던질 수 있었다. 이런 신호를 이해하고 통제하기 위해 자신의 능력을 가다듬었다. 이것은 일종의 초능력과도 같다. 대부분의 사람들은 이런 능력을 끌어내지 못하고 충동과 본능의 노예가 되어버리기 때문이다.

록펠러는 완벽했을까? 그렇지 않다. 그는 세상 그 누구도 평생 다 쓰지 못할 막대한 돈을 축적한 탐욕스러운 폭군이었다. 그나마 그 돈의 상당량을 사회에 환원해 다행이고, 그가 세상을 떠난 지 오래인 지금까지도 그의 재산은 건재하다. 그가 모든 경쟁자(와 환경)를 파괴하면서 남긴 상처 역시 아직 남아 있다. 우리는 그를 완벽한 인생을 산 본보기로 추앙할 필요가 없다. 단지 패닉과 거품, 시련과 위기를 인식하고 감지하는 그의 능력에서 교훈을 끌어내면 그만이다.

우리는 모두 이런 힘을 지니고 있다. 모든 것을 합리적으로 바라보는 방법을 배울 줄 안다. 나아가 참담한 재앙을 포함한 모든 상황에서 기회를 찾아낼 수 있으며, 부정적인 상황을 교육의 장으로, 또 엄청난 행운으로 탈바꿈시킬 수 있다. 생각하기에 따라 모든 일—그것이 경제적 위기든 개인적 비극이든 간에—은 앞으로 나아갈 기회로 작용한다. 설령 우리가 미처 예상하지 못했다 해도 마찬가지다.

도저히 극복하기 힘들어 보이는 장애물이 나타날 때, 우리는 반드시 다음과 같은 점들을 염두에 두어야 한다.

- 객관적인 시각을 유지한다.
- 감정을 통제하고 균형 감각을 잃지 않는다.
- 긍정적인 요소를 찾아내기 위해 노력한다.
- 흥분하거나 당황하지 않는다.
- 남들을 방해하거나 제한하는 요소들을 무시한다.

- 거시적인 안목을 유지한다.
- 눈앞의 현실에 집중한다.
- 통제 가능한 부분에 집중한다.

이것이 장애물 속에서 기회를 찾아내는 방법이다. 이것은 절대 저절로 되지 않는다. 치열한 훈련과 논리적 사고의 결과물이다.

누구나 이러한 논리적인 사고력을 가지고 있다. 그것을 어떻게 활용하느냐가 문제일 뿐이다.

내게 미칠 영향은 내가 결정한다

모든 것은 자신의 생각에 달렸다.
우리는 자꾸 다른 사람의 생각에서 힌트를 얻으려는 우를 범한다.
- 세네카 -

1960년대 중반, 중량급 최고의 권투 선수로 전성기를 누리던 루빈 '허리케인' 카터는 세 사람을 살해했다는 끔찍한 누명을 쓴다. 재판을 받았지만, 세상의 편견은 그에게 종신형 세 건이라는 터무니없는 판결을 내린다.

부와 성공의 정점에 서 있던 카터에게는 실로 현기증 나는 몰락이 아닐 수 없었다. 수감되던 날, 그는 값비싼 맞춤 정장에 5천 달러짜리 다이아몬드 반지와 금시계를 차고 교도소에 나타났다. 줄을 서서 절차를 기다리던 그는 책임자를 만나게 해달라고 부탁했다.

교도소장을 대면한 카터는 자신이 통제할 수 있는 마지막 한 가지만은 끝까지 포기하지 않겠노라고 선언했다. 그것은 바로 자기 자신이었다. 그는 교도소 직원들이 자기를 감옥에 가둔 불의와 아무 관계가 없다는 걸, 또한 자신이 누명을 벗을 때까지 철창을 벗어나지 못하리라는 걸 잘 알고 있었다. 죄수 취급을 받지 않겠다는 그의 태도는 처음부터 명백했다. 그는 무기력한 사람이 아니었기 때문이다.

이렇게 암담한 상황에 닥치면 누구나 좌절의 늪에 빠져 무너졌겠지만, 카터는 절대 자신의 태도, 자신의 믿음, 자신의 선택을 포기하지 않았다. 그들이 그를 몇 주 동안이나 독방에 처박아둘 수는 있었겠지만, 카터는 육체의 자유를 빼앗겼을망정 그 누구도 빼앗을 수 없는 자신만의 고유한 선택을 끝내 포기하지 않았던 것이다.

그는 자신이 처한 상황에 대해 화가 나지 않았을까? 물론 화가 났다. 분노가 밀려왔다. 하지만 분노한다고 해결될 일은 없다는 사실을 이해한 그는 이성을 유지했다. 비굴해지거나 절망에 빠지지도 않았다. 그는 죄수복을 입지도, 교도소 음식을 먹지도 않았으며, 면회에 응하거나 가석방 청문회에 출석하지도 않았고, 형기를 줄이기 위해 자신의 노동력을 제공하지도 않았다. 싸움을 각오하지 않는 한, 누구도 그를 건드리지 못했다.

그의 이런 행동에는 뚜렷한 목적이 있었다. 모든 에너지를 자신의 무죄를 입증하는 데 쏟아부으려는 것이었다. 깨어 있는 시간 동안에는 쉴 새 없이 법률 서적을 읽고 철학과 역사를 공부했다. 누구도 그의 삶을 망가뜨리지 못했다. 그들이 그를 부당하게 가두었을 뿐, 그는 그곳에

머무를 마음이 조금도 없었다. 시간을 쪼개고 또 쪼개어 끊임없이 공부와 연구를 거듭했다. 결백한 자유인의 몸으로 교도소를 나설 무렵에는 이전보다 훨씬 훌륭한 사람이 되어 있기로 굳게 결심했다.

그 판결이 번복되기까지는 19년의 세월과 두 차례에 걸친 재판이 필요했지만, 드디어 교도소를 나온 카터는 마치 아무 일도 없었다는 듯 다시 자신의 삶을 살아가기 시작했다. 카터는 피해 보상을 요구하는 민사 소송은 물론, 재판부의 사과조차 요구하지 않았다. 그렇게 한다는 것은 곧 그들이 자신의 무언가를 빼앗았다는 사실을 인정한다는 의미이기 때문이다. 그는 캄캄한 독방에 갇혀 있을 때조차 한 번도 그런 생각을 해보지 않았다. 그는 이미 선택을 한 다음이었다. '이 일은 나를 망가뜨리지 못한다. 내가 원해서 벌어진 일은 아니지만, 이 일이 나에게 어떤 영향을 미칠지는 내가 결정한다. 다른 누구에게도 그런 권리는 없다.'

주어진 모든 상황을 어떻게 판단할 것인지 결정하는 사람은 우리 자신이다. 이대로 무너질지, 끝까지 맞서 싸울지를 결정한다. 동의할 것인지 거부할 것인지를 결정하는 사람도 우리 자신이다. 그 누구도 우리로 하여금 무언가를 포기하거나 사실이 아닌 것(이를테면 현재 상황은 아무런 희망이 없다거나 도저히 개선이 불가능하다는 것 등)을 믿도록 만들지 못한다. 우리의 인식은 우리가 완벽하게 통제할 수 있는 대상이다.

그들은 우리를 교도소에 집어넣을 수도 있고, 우리에게 부당한 꼬리표를 붙일 수도, 우리가 가진 것을 빼앗을 수도 있지만, 누구도 우리의 생각과 믿음, 우리의 '반응'을 통제하지는 못한다.

이는 다시 말해서 우리가 완벽하게 무력한 상황은 존재하지 않는다는 뜻이다.

모든 것을 빼앗긴 교도소 안에서조차 어느 정도의 자유는 남아 있다. 자신의 마음은 여전히 자기 것이고, 운이 좋으면 약간의 책도 가질 수 있으며, 특히 시간을 아주 많이 가질 수 있다. 카터는 그리 많은 힘을 가지지 못했지만, 그는 그것이 무기력한 상태와는 다르다는 사실을 알고 있었다. 넬슨 만델라(Nelson Mandela)에서부터 맬컴 엑스(Malcolm X)에 이르는 수많은 위대한 인물들은 이 근본적인 차이를 이해한 사람들이다. 그들이 교도소를 자기 자신과 주변 사람들을 변화시키는 학교로 활용할 수 있었던 이유가 바로 이것이다.

억울한 옥살이조차 우리의 목적에 이로운 작용을 할 수 있다면, 우리가 경험하는 여러 상황들 가운데 그러지 못할 것은 없다. 실제로 정신만 바짝 차리면, 한 발 물러서서 상황 그 자체는 좋은 것도 나쁜 것도 아니라는 사실을 이해할 수 있게 된다. 모든 것은 우리의 인식, 또한 그로 인한 판단에 의해 좌우된다고 해도 과언이 아니다.

어떤 사람에게는 특정한 상황이 부정적일 수 있다. 똑같은 상황이 또 다른 누군가에게는 긍정적인 것으로 작용한다.

"좋은 것이든 나쁜 것이든, 무언가를 그렇게 만드는 것은 우리의 생각이다." 셰익스피어의 말이다.

이제는 고전이 된 『초원의 집』을 쓴 로라 잉걸스 와일더(Laura Ingalls

Wilder) 역시 그런 생각으로 지구상에서 가장 열악한 환경을 견뎌낸 인물 가운데 하나다. 메마르고 척박한 땅, 인디언 보호구역, 캔자스의 황량한 평원, 플로리다의 습한 오지 등등. 그녀는 그런 환경을 하나의 모험이라 생각한 덕분에 겁을 먹지도, 넌더리를 내지도 않았다. 무엇이 됐건 새로운 것을 해볼 수 있는 기회로 여겼으며, 활기찬 개척자 정신으로 남편과 자신에게 닥쳐오는 운명을 견뎌냈다.

이것은 그녀가 장밋빛 환상으로 가득한 색안경을 끼고 세상을 바라보았다는 이야기가 아니다. 그 대신 그녀는 모든 상황은 바라보는 각도에 따라 달라진다는 믿음을 선택했을 뿐이다. 그러기 위해서는 최선의 노력, 그리고 낙관적인 마음가짐이 동반되어야 한다. 하지만 대부분의 사람들은 그와는 정반대의 결정을 선택한다. 상황이 그렇게까지 위협적이지 않은 경우에조차 큰일이 났다며 당혹감에 사로잡힌다.

이럴 때 장애물은 진짜 장애물이 된다. 바꿔 말하면 우리는 자신의 인식을 도구 삼아 장애물을 만들어내기도 하고 없애버리기도 한다.

따지고 보면 우리의 인식이 존재할 뿐, 본래 좋은 것도 없고 나쁜 것도 없다. 어떤 사건은 그 자체로 가만히 있는데, 우리가 스스로에게 어떤 의미를 부여하는가에 따라 이야기는 전혀 다르게 전개되는 셈이다.

세상에는 모든 것을 변화시키는 생각이 있다. 그렇지 않은가?

우리 회사의 어느 직원이 부주의한 실수로 커다란 비용 손실을 초래했다고 하자. 나는 바로 이런 실수를 미연에 방지하기 위해 많은 시간과 노력을 투자한 터였다. 그런데 인식의 방향을 바꿔보면, 그 직원의 실수는 나에게 절호의 기회가 될 수도 있다. 오로지 경험을 통해서만 배울 수 있는 교훈을 모든 직원들에게 가르칠 수 있기 때문이다. 이런 경우에는 '실수'가 곧 '교육'의 기회로 작용한다.

여기서도 사건 자체는 동일하다. 누가 심각한 실수를 저질렀다. 그에 대한 평가와 결과는 완전히 달라질 수 있다. 어떤 접근 방법을 선택하느냐에 따라 커다란 혜택을 누릴 수도 있고, 치명적인 분노와 두려움에 굴복할 수도 있다.

단순히 내가 보기에 어떤 일이 아주 끔찍하고 부정적인 것으로 느껴진다고 해서 무조건 그 생각에 동의할 필요는 없다. 다른 사람들이 이제 모든 게 끝장이라고 체념한다고 해서 무조건 그렇게 되는 것도 아니다. 어떤 입장을 취할지는 스스로 결정해야 한다. 물론 입장을 취할지 말지를 결정하는 것 역시 우리 자신이다.

바로 이것이 인식의 힘이다. 언제, 어떤 상황에도 적용할 수 있고, 그 무엇도 우리의 인식을 방해하지 못한다. 단지 포기가 있을 뿐이다.

그것 자체도 우리의 결정이라는 사실을 명심하라.

크게 보고, 담대하게 하라

인간은 이미 지나간 과거의 위험을 되새기며
끊임없이 자신을 괴롭힌다.
- 세네카 -

미국의 장군이자 이후 제18대 대통령이 된 율리시스 S. 그랜트(Ulysses S. Grant)가 유명한 사진작가 매슈 브래디(Mathew Brady)의 스튜디오에 촬영을 하러 간 적이 있다. 스튜디오가 너무 어두워서 브래디는 조수에게 지붕으로 올라가 채광창을 열라고 지시했다. 그런데 지붕으로 올라간 조수가 발을 헛딛는 바람에 유리가 박살이 나고 말았다. 날카로운 유리 파편들이 그랜트가 앉아 있는 곳 주위로 칼날처럼 쏟아져 내리자, 스튜디오 안에 있던 사람들은 경악을 금치 못했다. 유리 조각 하나만으로도 치명적인 결과가 초래될 수 있었기 때문이다.

이윽고 유리 조각이 다 떨어져 내린 뒤에야 고개를 들고 상황을 살펴본 브래디는 그랜트가 꿈쩍도 하지 않고 자기 자리에 앉아 있는 것을 발견했다. 다행히 다친 데는 하나도 없었다. 그랜트는 천장에 뚫린 구멍을 한번 쓱 올려다보더니, 마치 아무 일도 없다는 듯이 카메라를 바라볼 뿐이었다.

오버랜드 전투 때는 그랜트가 쌍안경으로 전황을 살피고 있는 동안 적군의 포탄이 날아와 바로 옆에 서 있던 말이 즉사했다. 하지만 그 와중에도 그랜트는 쌍안경에서 눈을 떼지 않았다. 리치먼드 부근의 시티 포인트 작전본부에서의 일화도 있다. 사병들이 증기선에서 하선하는데 갑자기 폭발 사고가 발생했다. 모든 사람들이 정신을 잃거나 땅바닥에 엎드렸는데, 그랜트만은 온갖 파편과 잔해, 심지어는 시신이 소나기처럼 쏟아지는 사고 현장을 향해 달려갔다고 한다.

그랜트가 처음부터 이런 사람이었던 것은 아니다. 그는 그렇게 훈련된 사람이었다. 그랜트의 아버지는 아들의 담력을 키우려고 그를 일부러 소란스러운 북새통에 데려다놓곤 했다. 사실 어린 시절의 그랜트는 그런 상황을 즐겼던 듯한데, 한번은 이웃 사람이 그를 울리려고 바로 코앞에서 권총 방아쇠를 당겼다. 그러자 그랜트는 꿈쩍도 않고 소리쳤다. "또 쏴봐요!" 이런 사람을 누가 겁주거나 위압할 수 있을까.

우리의 모습은 어떠한가? 한마디로, 신경쇠약 환자라 해도 과언이 아니다.

경쟁자들이 온통 우리를 포위하고 있다. 예상치 못한 문제점들이 불쑥 고개를 치켜든다. 제일 믿었던 직원이 갑자기 사직서를 낸다. 멀쩡

하던 컴퓨터 시스템이 제대로 돌아가지 않는다. 안전지대라고 믿었던 곳이 더 이상 안전하지 않다. 상사는 죽어라고 일만 시킨다. 도저히 더 이상 감당할 수가 없다는 생각이 들기 시작하면, 주위의 모든 것이 무너져 내리는 것만 같다.

당신은 그런 상황을 가만히 바라보고만 있는가? 눈을 한두 번 깜빡인 뒤 집중력을 배가하기 위해 노력하는가? 흔들면 흔드는 대로 그냥 흔들리는가? 혹은 이런 '좋지 않은' 기분을 떨쳐버리기 위해 노력하는가?

우리의 의도와는 상관없이 이런 일이 벌어질 때가 있다. 우리를 잡아먹지 못해 안달인 사람들이 있다는 것을 명심해야 한다. 그들은 우리를 협박하려 한다. 마구 흔들어놓고 싶어 한다. 정보 수집이 완료되기도 전에 결정을 내리도록 압력을 넣는다. 그들은 우리가 우리의 관점이 아니라 자기네의 관점으로 생각하고 행동하기를 원한다.

문제는, 과연 그들이 그렇게 하도록 계속 내버려둘 것인가 하는 점이다.

목표를 높게 잡으면 부담과 압력이 생길 수밖에 없다. 우리가 방심하거나, 위협을 받아 겁을 먹는 사태가 생길 것이다. 누구도 예상하지 못한 깜짝 쇼(대개는 부정적인 쪽)는 반드시 일어나게 되어 있다고 해도 과언이 아니다. 상황에 완전히 압도당할 위험도 언제든지 열려 있다.

이런 상황에 대처하기 위한 가장 중요한 무기는 재능이 아니다. 그보다는 품위와 평정이 더욱 중요한데, 그 두 가지가 다른 기술을 동원할 기회보다 선행하기 때문이다. 우리는 볼테르가 말보로 공작의 눈부신 성공 비결을 설명하며 언급했듯 "영국 사람들이 '차가운 머리'라고 부르는 것처럼, 난장판 속에서도 차분한 용기를, 일촉즉발의 위험 속에서도 침착한 영혼을" 가져야 한다.

우리가 처한 실질적인 위험이 어떤 수준이건 간에, 스트레스는 우리를 근본적인 본능적 반응 즉 공포심으로 몰아넣는다.

품위와 평정이 극소수 귀족들의 전유물이라고 생각할 필요는 없다. 결국 담력을 좌우하는 것은 도전정신과 통제력이기 때문이다.

예를 들면 이런 것이다. '나는 그것을 인정하기를 거부한다. 무엇도 나를 겁먹게 할 수 없다. 나는 이것을 실패로 규정하고자 하는 유혹에 저항한다.'

담력은 또 인정의 문제이기도 하다. '정 그렇다면 내 탓임을 인정한다. 나는 이 일로 흔들리거나 위기 상황을 되짚어볼 만큼 한가하지 않다. 나만 바라보는 사람이 얼마나 많은지 모른다.'

저항과 인정은 다음의 원칙 속에서 서로 융화된다. 모든 일에는 반작용이 있고, 달아나거나 빠져나갈 구멍이 있다. 따라서 어떤 경우에도 이성을 잃을 필요가 없다. 물론 그것이 쉽다고 말하는 사람은 아무도 없고 위험도 크지만, 기회를 붙잡을 준비가 되어 있는 사람에게는 반드시 길이 열리기 마련이다.

우리가 하고자 하는 것이 바로 이것이다. 물론 쉽지 않을 것이며, 때로는 무시무시할 수 있다는 것도 안다.

그러나 우리는 준비가 되어 있다. 우리는 침착하고, 진지하며, 어지간한 일에는 겁먹지 않을 각오가 되어 있다.

이것은 우리가 처한 현실에 맞는 준비를 갖추고 담력을 키워, 최선의 역량을 쏟아부어야 한다는 의미다. 마음을 단단히 먹고 아무리 나쁜 일이 일어나도 마치 아무 일도 없다는 듯이 똑바로 전방을 응시해야 한다.

따지고 보면 아무 일도 일어나지 않은 것이 맞다. 마음먹기에 따라 얼마든지 우리의 인식이 결과를 바꿔놓을 수 있기 때문이다.

감정에 휘둘리지 말라

거대한 제국을 다스려야 하는가?
그대 자신부터 다스리라.

- 푸블리우스 시루스 -

미국이 최초로 우주에 인간을 보내기 위한 경쟁에 매달리던 당시, 우주
비행사를 훈련하면서 다른 무엇보다도 심혈을 기울인 점은 바로 절대
패닉에 사로잡히지 않는 법을 가르치는 것이었다.

사람이 패닉에 빠지면 실수를 저지르게 마련이다. 시스템을 무시하
게 되고, 절차와 규정을 외면하며, 예정된 궤도를 벗어난다. 상황 대처
에 문제가 생기고, 사고력을 상실한다. 이는 상황에 대처하기 위한 반
응이 아니라, 혈관 속을 흐르는 생존 호르몬으로 인한 기계적인 반응
일 뿐이다.

지구상에서 우리가 마주치는 대부분의 문제점은 바로 이렇게 해서

모습을 드러낸다. 모든 것을 철두철미하게 계획했다고 하더라도, 뭔가 잘못되면 그 계획은 까맣게 잊어버린 채 너무나 익숙한 감정의 나락으로 떨어지기 십상이다. 무슨 일만 생기면 경보 장치부터 누르려 안달하는 사람도 많다. 그것이 우리를 정면으로 응시하고 있는 위기에 대처하는 것보다 훨씬 더 쉬운 까닭이다.

폭스바겐보다 더 조그만 우주선에 몸을 의지한 채 지구 상공 240여 킬로미터까지 올라간 상황에서, 패닉에 사로잡힌다는 것은 곧 자살을 의미한다. 따라서 훈련을 통해 패닉을 다스릴 필요가 있다. 물론 쉬운 일은 아니다.

미 항공우주국(NASA)은 처음으로 우주선을 발사하는 운명적인 순간을 앞두고 아침 식사부터 이륙장으로 이동하는 차편에 이르기까지, 모든 것을 수없이 되풀이하며 비행사들을 훈련했다. 이러한 반복된 '노출'을 통해 비행사들은 우주를 향해 발사되는 순간의 모든 시각적·청각적 경험에 적응되어간다. 하도 여러 차례 반복하니 나중에는 숨쉬기만큼이나 자연스러웠다. 이륙 순간뿐만 아니라 가능한 모든 변수를 해결하고 불확실성을 제거하기 위해 끝없이 연습을 거듭했다.

불확실성과 두려움을 극복하기 위해서는 권위가 필요하다. 훈련은 이런 권위를 쌓아가는 과정이다. 그것은 일종의 배출 밸브와도 같다. 노출이 충분히 축적되면 지극히 정상적인, 또한 생소함에서 비롯한 내재적인 두려움에 적응할 수 있다. 다행히도 생소함은 노출 축적 결과 해결할 수 있고(물론 쉽지는 않다), 그래서 스트레스와 불확실성에 대한 내성을 기를 수 있다.

　지구 궤도 비행에 성공한 최초의 미국인 우주비행사 존 글렌(John Glenn)은 우주에서 거의 하루를 보내는 동안 맥박수를 분당 100회 미만으로 유지했다. 그것은 우주선을 조종하는 사람이 아닌 자기 감정을 조절하는 사람의 맥박수라 해도 과언이 아니다. 훗날 톰 울프(Tom Wolfe)는 이것을 두고 그가 제대로 '필요한 자질'을 길렀다고 표현했다.

　하지만 우리는 어떤가? 고객을 대할 때, 혹은 길거리에서 낯선 사람과 마주칠 때, 우리의 심장은 마치 금방이라도 터져버릴 것만 같다. 행여 대중 앞에서 연설이라도 하게 되면 심장이 오그라드는 것만 같다. 이럴 때 우리는 이것이 못난 자아의 응석이요, 일종의 사치임을 깨달아야 한다. 우주에서는 감정을 어떻게 다스리느냐에 따라 삶과 죽음이 판가름 난다. 엉뚱한 단추를 누른다, 계기판의 숫자를 잘못 읽는다, 연쇄 반응을 너무 빨리 시작한다, 이런 일이 단 한 번이라도 벌어졌다면 아폴로 계획은 성공할 수 없었을 것이고, 그 결과는 감당하기 힘들 만큼 치명적이었을 것이다. 따라서 우주비행사에게 가장 중요한 것은 얼마나 숙련된 비행사인가가 아니라, 얼마나 감정을 잘 조절할 수 있는가이다. 패닉에 사로잡히려는 충동을 뿌리치고 내가 바꿀 수 있는 일, 발등에 떨어진 과제를 해결하는 데에만 정신을 집중할 수 있는가?

　사실은 우리의 삶도 크게 다르지 않다. 장애물은 우리를 감정적으로 만들지만, 장애물을 극복하고 살아남기 위해서는 그 감정을 다스릴 줄 알아야 한다. 어떤 일이 벌어지건, 외부에서 어떤 요동이 일어나건 눈도 깜짝하지 않아야 한다.

그리스어에는 이런 태도를 표현하는 단어가 두 개 있다. '아파테이아 (apatheia)'와 '아타락시아(ataraxia)'가 그것이다. 영어로는 stillness(고요, 정지, 침묵) 정도에 해당한다. 이것은 비합리적이거나 극단적인 감정이 배제된, 차분한 평정심과 자제력을 의미한다. 느낌 자체가 사라진 것이 아니라 해로운, 혹은 도움이 되지 않는 감정이 사라진 상태이다. 부정적인 감정이 끼어들 여지조차 주지 않는다. 이를테면 '고맙지만 괜찮아요, 패닉은 감당할 수 없거든요'라고 말하는 것과 같다.

대응책을 찾겠다고 허둥거리지 않고 전적으로 문제 해결에만 에너지를 집중하기 위해서는 동요와 혼란을 떨쳐버리는 기술을 체득해야 한다.

상사가 보낸 다급한 전자우편이 날아든다. 술집에서 재수 없는 건달과 마주친다. 은행에서 융자를 취소하겠다는 전화가 걸려온다. 사고가 났다고 누군가 문을 두드린다. 개빈 드 베커(Gavin de Becker)는 『두려움의 선물(The Gift of Fear)』이라는 책에서 이런 질문을 던진다. "걱정이 생기면 스스로에게 물어보라. '지금 이 순간, 내가 대면하지 않으려고 선택한 게 뭐지?' 성찰, 경각, 지혜, 이런 것들을 외면한 채 걱정만 하고 앉아 있느라 놓쳐버린 중요한 것이 무엇인가?" 캐나다의 우주비행사 크리스 해드필드(Chris Hadfield)는 혼자 우주 유영을 하다가 갑자기 두 눈이 모두 보이지 않는 끔찍한 상황에 처한 적이 있다. 그는 상황을 개선하기 위해 우리가 생각하고 실행할 수 있는 일이 반드시 있다고 말했다. 그가 남긴 이 말도 기억해둘 만하다. "더 나빠질 수 없을 만큼 심각한 문제는 존재하지 않는다."

다르게 표현하면, 이런 질문을 던져볼 수 있다. '당황한다고 해서 더 많은 선택이 생기는가?' 때로는 그렇다. 하지만 지금은? '아마 그렇지 않을 거다.' 그럼 어떻게 해야 할까?

감정이 조건이나 상황을 바꾸지 못한다면, 그것은 도움이 되지 않는 감정일 가능성이 높다. 오히려 해로운 감정일 가능성이 더 높다.

'하지만 그래도 기분이 그런 걸 어떡하라고?'

맞다. 그런 기분을 느끼지 말라는 법은 없다. 절대 울면 안 된다고 강요하는 사람도 없다. '남자다움' 따위는 잊어버리자. 지금 이 순간을 도저히 피할 수 없다면 정면으로 맞부딪치는 수밖에 없다. 진짜 힘은 '통제'에서 나온다. 이것을 나심 니콜라스 탈레브(Nassim Nicholas Taleb)는 감정의 '길들이기'라고 표현했다. 이것은 감정이 존재하지 않는 척 가장하는 것과는 다른 이야기다.

감정을 느끼는 것까지는 좋다. 단지 감정의 늪에 빠져 허우적거리지만 않으면 된다. 그 두 가지는 하늘과 땅만큼이나 다르다. 따라서 언제나 염두에 두어야 할 점은 바로 이것이다. '나를 통제하는 것은 감정이 아니다. 나는 지금 무슨 일이 벌어지고 있는지를 똑똑히 알고 있다. 절대 흥분하거나 당황하지 않는다.'

우리는 흔히 논리로써 감정을 극복한다고 생각한다. 명확한 질문과 대답이 이어질 때 논리가 파생된다. 충분한 질문과 대답이 축적되면 원인에 접근할 수 있다.(이쪽이 훨씬 쉽다.)

'손해를 봤어.'

'하지만 사업을 하다 보면 가끔 손해를 볼 수도 있지 않나?'

'그렇지.'

'그 손해가 치명적인 건가?'

'꼭 그렇지는 않지.'

'그럼 완전히 예상을 뛰어넘는 결과는 아니잖아. 그게 그렇게까지 심각한 일이야? 가끔 벌어질 수도 있는 일을 가지고 그렇게까지 낙담하는 이유가 뭐지?'

'음… 그건… 그러니까….'

뿐만 아니라 우리는 그보다 더 심각한 상황도 겪어본 적이 있다. 그런 경험을 살려 침착하게 대처하는 것이 무작정 화를 내는 것보다 훨씬 낫지 않을까?

혼자서 이런 대화를 나누어보면 극단적인 감정이 가라앉는 것을 느낄 수 있을 것이다. 대개 이런 감정은 그리 오래 지속되지 않는다. 결론적으로 말해서, 약간의 손해 때문에 죽지는 않는다는 말이다.

초조함이 밀려들기 시작하면 그때마다 몇 번이고 이 말을 되새기는 것도 도움이 된다. '내가 이 정도에 죽지는 않는다. 내가 이 정도에 죽지는 않는다. 내가 이 정도에 죽지는 않는다.'

혹은 마르쿠스의 질문을 떠올리는 것도 좋다.

이번에 일어난 일 때문에 정의롭게, 관대하게, 이성적으로, 신중하게, 정직하게, 겸손하게, 솔직하게 행동하기가 도저히 불가능한가?

그렇지 않다. 그럼 이제 하던 일로 돌아가면 된다.

우리는 잠재의식 속에서 끊임없이 이런 질문을 스스로 던져봐야 한다. '내가 이런 일로 꼭 좌절할 필요가 있나?'

이 질문의 답은 어떠해야 할까? 우주비행사가, 군인들이, 의사들이, 그 밖의 여러 직업에 종사하는 사람들이 그러하듯, 우리도 이렇게 대답할 수 있어야 한다. '아니. 나는 이런 상황에 대비한 훈련을 했고, 나를 통제할 수 있어.' 이런 대답은 어떨까? '아니. 나는 여전히 이성을 유지하고 있고, 좌절해봐야 하나도 도움이 되지 않는다는 걸 잘 알아.'

있는 그대로 보는 연습을 하라

어떤 일이 벌어졌을 때
그 첫인상이 당신을 때려눕히게 놔두면 안 된다.
대신 이렇게 중얼거려보자.
'잠깐. 네가 누군지, 뭘 원하는지
생각 좀 해봐야겠어. 일단 시험부터 해보자고.'

- 에픽테토스 -

'어떤 일이 벌어졌는데, 그건 안 좋은 일이다.' 이 문장에는 두 가지 인상이 포함되어 있다. 첫 번째 '어떤 일이 벌어졌다'는 객관적 인상이고, 두 번째 '안 좋은 일이다'는 주관적 인상이다.

16세기 일본의 사무라이 미야모토 무사시는 수많은 전투에서 승리를 거두었는데, 그 가운데는 칼도 없이 여러 명의 적을 상대한 적도 있었다. 그는 『오륜서』에서 관찰과 인식의 차이점을 설명한다. 한마디로 요약하면 인식의 눈은 약하고 관찰의 눈은 강하다는 것이다.

무사시는 관찰의 눈은 오로지 현상만을 바라본다는 점을 이해하고 있었다. 반면 인식의 눈은 겉으로 드러나는 현상 이상의 무엇을 바라본다.

관찰하는 눈은 어떤 편견이나 과장, 혹은 오류의 개입 없이 사건을 바라본다. 인식하는 눈은 '난공불락의 장애물', '심각한 위기', 혹은 '문제'를 바라본다. 전투에서는 이것 자체가 또 다른 사건으로 작용한다. 전자는 도움이 되지만, 후자는 그렇지 않다.

니체를 인용하자면, 때로는 가장 표면적인 시각―첫눈에 받은 인상―이 가장 근원적인 접근이 되기도 한다.

우리는 인생을 살아가면서 스스로 통제할 수 없는 사건을 자신이 원하는 대로 판단함으로써 수많은 문제를 자초한다. 실제로 거기에 있는 것을 바라보지 않고, 있을 거라고 혹은 있어야 한다고 생각하는 것을 바라보는 경우가 얼마나 많은가?

스토아 철학자들은 우리를 당혹스럽게 만드는 것이 어떤 사건이나 사물이 아니라, 그 사건이나 사물에 관한 우리의 견해임을 알고 있었다.

인식은 우리에게 필요하지도 않은 '정보'를 제공하는 경우가 많다. 거기에 정신이 팔리기보다는 지금 당장 정말로 우리 눈앞에 나타난 것에 전념하는 편이 백 번 낫다. 그것은 번개처럼 날아드는 칼날일 수도 있고, 사업상의 결정적인 협상이나 기회일 수도 있으며, 때로는 순간적으로 번득이는 통찰력일 수도 있다.

우리의 동물적인 두뇌는 인상과 인식의 간격을 최대한 압축하고자 사력을 다한다. 생각하고, 인식하고, 행동하는 그 사이의 간격은 불과 몇 분의 1초밖에 되지 않는다. 사슴의 뇌는 뭔가 좋지 않은 일이 벌어졌으니 일단 달리라는 명령을 내린다. 그래서 달린다. 때로는 달려오는 자동차를 향해서. 우리의 마음은 우리가 모욕을 당했다고, 모든 걸 잃었다고, 이제 다 망했다고 외친다.

우리는 그런 충동에 의문을 제기할 수 있다. 동의하지 않을 수도 있다. 신호를 무시한 채 행동에 앞서 상황을 살펴본다. 마음을 가다듬고 감정을 다스리면, 사물을 있는 그대로 볼 수 있다. 그러기 위해서는 관찰하는 눈을 충분히 활용해야 한다.

하지만 그러기 위해서는 힘이 필요하다. 그 힘은 단련된 근육에서 나온다. 근육은 무거운 것을 들고 버티는 긴장 속에서 단련된다. 무사시를 비롯한 대부분의 무사들이 신체 훈련만큼이나 정신 훈련을 강조하는 이유가 바로 이것이다. 그 두 가지는 똑같이 중요하고, 똑같이 격렬한 연습과 훈련을 요구한다.

스토아 학파의 저서에는 이른바 '경멸적 표현(Contemptuous Expressions)'이라는 말로 요약되는 훈련 방법이 등장한다. 그들은 '껍질을 벗겨내고 사물의 본질을 드러내는' 수단으로 경멸이라는 개념을 활용한다. 에픽테토스는 제자들에게 위대한 철학자들이 성행위를 하는 장면을 상상해보라고 가르쳤다. 혹시 굉장한 위압감을 주는 사람, 왠지 불안감이 생기는 사람과 마주치면 여러분도 이 방법을 한번 시험해보라. 그 사람도 우리와 마찬가지로 사적인 공간에서는 땀을 뻘뻘 흘리며 신음을 토할 테니까. 마르쿠스 아우렐리우스 역시 뭔가 엄청나게 귀하고 값비싼 것을 마주할 때 일단 그 외피를 벗겨보라는 가르침을 남겼다. 구운 고기는 죽은 짐승일 뿐이고, 최고급 와인도 발효된 포도에 지나지 않는다. 이런 훈련의 목적은 사물을 어떠한 장식도 없이 있는 그대로 바라보도록 하는 것이다.

우리도 앞을 가로막는 모든 사람이나 사건에 대해 이런 방법을 적용할 수 있다. 이번 승진이 아주 중요한데, 정말 그게 그렇게까지 의미 있는 일인가? 우리를 초라하게 만들려고 애쓰는 비판적이고 냉소적인 사람들은 자기 자리로 돌려보내면 그만이다. 우리가 마음속에서 만들어낸 허상을 벗겨내고, 있는 그대로의 실체를 바라보아야 한다.

객관성이라는 말은 방정식에서 '나―주관적인 측면―를 제거한다는 뜻이다. 내가 조언을 건네는 경우를 생각해보라. 나에게는 그 사람이 안고 있는 문제가 너무나 또렷하게 드러나 보이고, 해결책도 명확하다. 그러나 자신에게 닥친 장애물에 대처하고자 할 때는 그렇게 잘 보이던 것들이 어느새 사라진다. 마음의 짐 때문이다. 타인에게는 얼마든지 객관적인 모습을 보일 수 있다.

친구에게 문제가 생겼을 때, 우리는 상황을 액면 그대로 받아들이고 이내 도움을 주기 시작한다. 그런데 정작 본인의 삶에 대해서는 연민과 억울함과 불만에 사로잡힌다면, 그것은 지극히 이기적이고 아둔한 행동이다.

어떤 상황이 발생하면, 그것이 나에게 일어난 일이 아니라고 생각해보라. 전혀 중요한 일이 아니라고 생각해보라. 그렇게 하면 해결책을 찾기가 훨씬 쉬워진다. 훨씬 신속하고 침착하게 사태를 파악하고 대안을 모색할 수 있다. 간단히 마음의 짐을 버리고 차분하게 대처할 수 있다.

당면한 그 문제를 누군가 해결하는 모든 방법들을 떠올려보라. 이럴 때일수록 냉철해져야 하고, 스스로에게 연민을 느낄 시간은 나중에 얼마든지 있다는 사실을 명심하라. 이것은 훈련이다. 즉 반복이 필요하다는 뜻이다. 노력하면 할수록 익숙해진다. 있는 그대로의 본질을 바라보는 훈련에 익숙해지면, 인식은 적군이 아니라 아군이 되어 우리를 돕는다.

관점을 바꿔 장애물을 분해하라

사람은 그저 존재하는 것이 아니라
끊임없이 자신이 어떤 존재가 될지 결정하며,
그 다음에는 또 어떻게 될지를 결정한다.
마찬가지로, 모든 인간은 언제라도 변화할 자유를 가진다.
- 빅토르 프랑클 -

아테네의 정치가 페리클레스가 중요한 임무를 띠고 펠로폰네소스 전쟁에 나섰을 때의 일이다. 갑자기 일식이 발생해 그의 전함 150척이 어둠에 휩싸였다. 뜻밖의 사태에 당황한 병사들은 공포에 사로잡혀 허둥거렸다. 그러나 페리클레스만은 한 치의 흔들림도 없었다. 그는 조타수에게 다가가, 입고 있던 망토를 벗어 조타수의 얼굴 앞에 펼쳤다. 그러고는 지금 눈에 보이는 것이 두려우냐고 물었다. 물론 그것이 두려울 이유는 없었다. 페리클레스는 다 똑같은 어둠일 뿐인데 왜 이렇게 난리를 피우느냐고 되물었다.

그리스 사람들은 아주 똑똑했다. 이 일화 속에는 스토아 철학뿐 아니라 인지 심리학 전체를 관통하는 근본적인 개념이 들어 있으니, 이는 곧 '관점이 모든 것을 좌우한다'라는 철칙이다. 다시 말해서 당신이 무언가를 잘게 나눌 수 있으면, 혹은 그것을 새로운 각도로 바라볼 수 있으면, 그것은 당신에게 미치던 힘을 상실한다.

두려움은 아주 교묘하게 사람을 괴롭히거나 피곤하게 만들고, 게다가 비합리적인 경우도 많다. 페리클레스는 이 점을 잘 이해하고 있었기 때문에 관점의 힘을 이용해 병사들의 두려움을 물리칠 수 있었다.

그리스 사람들은 우리가 아주 단순한 일을 군이 불길한 쪽으로 해석해 화를 자초하는 경우가 많다는 것을 알고 있었다. 우리가 장애물을 두려워하는 이유는 관점이 잘못되었기 때문이고, 따라서 관점을 약간 바꾸는 간단한 방법만으로도 우리의 대응을 온전히 변화시킬 수 있다. 이는 페리클레스의 예에서 보듯 두려움을 무시하는 것이 아니라 합리적으로 설명하는 쪽에 가깝다. 두려움이 엄습하면 일단 그것을 잘게 나누어보는 것이 좋다.

이때 반드시 기억해야 할 것은 우리의 관점을 선택하는 주체가 바로 우리 자신이라는 점이다. 우리는 어떤 상황에 관점을 집어넣을 능력을 가지고 있다. 장애물 그 자체를 바꿀 수는 없지만, 관점의 힘은 그 장애물이 어떻게 보이는지를 바꿀 수 있다. 어떻게 접근하고, 바라보고, 개념화하고, 해석하느냐에 따라 장애물의 위력이 달라진다.

무엇 앞에 '나'를 놓을 것인지 말 것인지는 어디까지나 본인의 선택이다.('나는 대중 앞에서 연설하는 것을 싫어한다.' '나는 망했다.' '나는 이 일로 커다란 손해를 보게 될 것이다.) 이렇게 되면 또 다른 요소가 첨가된다. 장애물 그 자체가 아니라 그 장애물과 관련된 '나'까지 함께 상대해야 한다. 관점이 잘못되면 아무것도 아닌 일에 기력을 소진하며 나가떨어진다. 왜 그런 짓을 해야 하는가?

올바른 관점은 장애물을 만만한 크기로 분해하는 놀라운 힘을 가지고 있다. 그런데 이유가 어떠하건 우리는 어떤 사물을 지극히 고립된 관점으로 바라보는 경향이 있다. 한순간의 실수로 계약을 날리고 회의를 놓친다. 기회 자체가 완전히 사라져버리면 어떻게 해볼 방법이 없다.

그 순간에 우리가 미처 생각하지 못하는 것은 억만장자 사업가인 리처드 브랜슨(Richard Branson)의 말처럼 "비즈니스의 기회는 버스와 같다. 한 대를 놓치면 반드시 다음 버스가 온다"라는 점이다. 우리가 평생 동안 참석해야 할 회의를 생각하면 한 번 회의를 놓쳤다고 해서 좌절할 필요도 없고, 한 건의 계약은 말 그대로 한 건의 계약일 뿐이다. 사실 어쩌면 그 덕분에 총알을 피한 것인지도 모른다. 다음에 더 좋은 기회가 찾아올 수도 있다.

우리가 세상을 바라보는 방식은 이런 것들을 바라보는 방식에 따라 달라진다. 우리의 관점이 정말로 우리에게 '관점'을 가져다주는가, 아니면 오히려 그것이 문제를 초래하는 주범인가? 그것이 문제다.

우리가 할 수 있는 일은 가장 침착하게 당면한 과제를 해결할 수 있도록 관점을 제한하거나 확장하는 일이다. 타인을 기만하기 위해서가 아니라 올바른 방향성을 확보하기 위한 선택적 편집이라고 생각해도 좋다. 이 방법은 확실히 효과가 있다. 조금만 방향을 바꿔도 이전에는 불가능한 과제로 느껴졌던 일이 새로운 모습으로 다가온다. 스스로가 한없이 나약하게 느껴지는 게 아니라, 강력한 힘이 느껴진다. 올바른 관점을 확보하면 지금까지 있는 줄도 몰랐던 지렛대를 활용할 수 있다.

관점은 다음의 두 가지 의미로 정의된다.

1. 맥락 : 우리 앞에 당면한 것들뿐 아니라 세상 전체를 바라보는 더 큰 그림에 대한 감각.
2. 뼈대 : 세상을 바라보고, 그 속에서 일어나는 다양한 사건들을 바라보는 자신만의 방식.

두 가지 모두 이전에는 두렵고 불가능하게 보이던 상황을 효과적으로 변화시킬 수 있다는 점에서 아주 중요한 의미를 갖는다.

배우 조지 클루니(George Clooney)는 할리우드 초년생 시절, 무수히 많은 오디션에서 퇴짜를 맞았다. 어떻게든 제작자나 감독의 마음을 사고 싶었지만 뜻대로 되지 않았고, 상처를 입은 나머지 자신의 자질을 몰라주는 시스템을 비난하기도 했다. 어디선가 들어본 이야기 같지 않은가? 대부분의 사람들은 취업 면접에서 또는 고객과의 상담에서 거부당하거나 커피숍에서 아주 마음에 드는 사람에게 접근했다가 퇴짜를 맞아본 경험이 있을 것이다.

하지만 클루니의 경우, 새로운 관점을 찾아내자 모든 것이 바뀌었다.

캐스팅 작업이 제작자들에게도 일종의 장애물이라는 사실을 알게 된 것이다. 그들도 누군가 적합한 사람을 찾아야 하는데, 오디션을 보러 면접실로 들어오는 다음 사람이 바로 그 적임자이기를 간절히 희망한다. 따라서 오디션은 클루니가 아니라 오히려 제작자들이 문제를 해결할 기회인 셈이었다.

클루니는 이러한 새로운 관점에 따라 자신이 바로 그 해결책 역할을 하게 되었다. 그는 제발 배역 하나 달라고 애걸해야 하는 사람이 아니었다. 그는 아주 특별한 무엇을 지닌 사람이었고, 따라서 애걸을 해야 할 사람은 그가 아닌 제작자들이었다. 이제부터 클루니는 이런 관점을 오디션에 투영하기 시작했다. 연기 실력만 들입다 강조하는 것이 아니라, 자신이 이번 배역을 맡아야 하는 이유를 설명했다. 그는 감독과 제작자가 특정한 배역에서 무엇을 요구하는지 잘 알고 있었으며, 촬영 당시는 물론 그 전과 이후에도 그런 역할을 감당하기 위해 노력했다.

올바른 관점과 잘못된 관점의 차이가 모든 것을 좌우한다.

우리의 삶 속에서 벌어지는 사건들을 어떻게 해석하느냐에 따라 우리의 관점은 우리의 대응을 좌우하는 토대로 작용한다.

머리가 가는 곳에 몸이 따르기 마련이다. 인식은 행동보다 선행한다. 올바른 행동은 올바른 관점에서 나온다.

나에게 달린 일인지 물어라

우리가 살면서 제일 먼저 해야 할 일은 내가 통제할 수 있는 일인가,
내가 통제할 수 없는 일인가 선택하는 것이다.
좋고 나쁨은 없다. 다만 나의 선택이 있을 뿐이다.

— 에픽테토스 —

야구 역사상 가장 노련하고 내구력이 뛰어난 투수 가운데 한 명으로 꼽히는 토미 존(Tommy John)은 메이저리그에서 스물여섯 시즌을 뛰었다. 자그마치 스물여섯 시즌이다! 그가 데뷔한 해에는 케네디가 미국 대통령이었다. 은퇴한 해의 대통령은 조지 H. W. 부시였다.

이것은 거의 초인적인 업적이 아닐 수 없다. 하지만 이런 업적이 가능했던 것은 그가 자기 자신을 비롯해 주위의 많은 사람들에게 다음과 같은 질문을 수없이 되풀이해서 던졌기 때문이다. '나에게 기회가 있는가? 내가 최선을 다할 수 있는가? 내가 할 수 있는 일이 있는가?'

그 기회가 아무리 희박하거나 일시적이라 해도 그는 포기하지 않았

다. 기회가 있다는 판단이 서면 그 기회를 최대한 효과적으로 활용하기 위해 온갖 노력과 정열을 쏟아부었다. 노력이 결과를 변화시킬 수 있다면, 경기장에서 쓰러지는 한이 있어도 결코 기회를 낭비하지 않았다.

첫 번째 시련은 1974년 시즌 중반에 찾아왔다. 공을 던지는 팔의 팔꿈치 인대가 영구적으로 손상되는 부상을 입은 것이다. 그 당시만 해도 야구계와 스포츠 의학계에서는 투수가 팔꿈치를 다치면 누구나 그걸로 끝이라고 생각하던 시절이었다. 투수에게는 그야말로 치명적인 부상이었다.

토미 존은 이런 생각을 받아들이지 않았다. 다시 한 번 마운드에 오르기 위해 무언가 할 수 있는 일이 없을까? 전혀 없지는 않았다. 의사들은 성한 쪽 팔의 힘줄을 떼어내 다친 팔꿈치에 이식하는 실험적인 수술을 제안했다. 이 수술을 통해 재기할 가능성은 100분의 1 정도였다. 반대로 수술을 받지 않고 회복될 가능성은 제로였다.

존은 미련 없이 은퇴를 선택할 수도 있었다. 하지만 아직 그에게는 100분의 1의 가능성이 남아 있었다. 재활과 훈련을 통해 부분적으로나마 스스로 통제할 수 있는 부분도 없지 않았다. 결국 그는 모험을 선택했다. 그 이후, 그는 13시즌에 걸쳐 164승을 추가했다. 그의 이름을 딴 토미 존 수술이 널리 알려지게 된 것도 무리가 아니다.

그로부터 채 10년이 지나지 않아 그는 또 한 번 초인적인 정신력을 발휘해야 했다. 어린 아들이 3층 창문에서 떨어져 사경을 헤매는 지경에 처한 것이다. 아수라장이 된 응급실에서 의사들이 아들의 생존 가능성이 없다고 선언했을 때, 존은 가족에게 1년이 걸리든 10년이 걸리든 모든 가능성이 완전히 사라질 때까지 절대 포기하지 않는다는 확신을 불어넣었다. 아들은 완전히 정상을 회복했다.

마흔다섯 살이던 1988년 시즌이 끝나고 뉴욕 양키스에서 방출되었을 때, 드디어 그의 야구 인생은 막을 내리는 듯이 보였다. 하지만 그는 그대로 주저앉지 않았다. 코치 등 관계자들을 불러 이렇게 물었다. "만약 내가 내년 봄 스프링 캠프에 초청 선수 자격으로 참여하면 공정한 경쟁의 기회를 얻을 수 있습니까?" 그들은 그 나이에 야구를 계속하는 것은 무리라고 대답했다. 존은 같은 질문을 되풀이했다. "솔직하게 말해주세요. 내년 봄에 다시 한 번 기회를 줄 수 있습니까?" 그들은 이렇게 대답했다. "좋아요, 기회야 줄 수 있지요."

이듬해 봄, 토미 존은 제일 먼저 스프링 캠프에 모습을 드러냈다. 하루의 대부분을 훈련에 쏟아부었고, 사반세기 동안 쌓아온 실력을 더욱더 갈고 닦았다. 결국 그는 최고령 선수로 팀에 합류했다. 뿐만 아니라 미네소타 원정 경기에 개막전 선발투수로 나서 7이닝 2실점이라는 빼어난 성적으로 승리투수가 되었다.

토미 존은 기회가 주어졌을 때 자신이 변화시킬 수 있는 일에 100퍼센트의 노력을 쏟아부었다. 코치들에게 죽기 전에는 절대 야구장을 떠나지 않겠다고 입버릇처럼 말하곤 했다. 그는 직업 운동선수로서 자신의 임무가 가능성이 희박한 일과 아예 불가능한 일 사이의 경계를 확실하게 이해하는 것이라고 판단했다. 그 미세한 차이가 그를 오늘날 우리가 알고 있는 토미 존으로 만들었다.

이런 힘을 이끌어내기 위해 재활 중인 중독자들은 '평온의 기도'를 배운다.

주여, 내가 바꿀 수 없는 것들을 받아들일 평온과,

바꿀 수 있는 것들을 바꿀 용기와,

그 차이를 알 수 있는 지혜를 허락하소서.

그들은 이런 방법으로 노력을 집중한다. 본인이 지금과 같은 모습으로 타고났다거나, 자신을 낳은 부모가 이상하다거나, 혹은 이미 모든 것을 잃었다는 관념에 빠져 있으면 중독과 맞서 싸우기가 그만큼 더 힘들어질 수밖에 없다. 다 끝났다. 변화의 가능성은 없다.

반면 자신이 변화시킬 수 있는 일에 초점을 맞추면 어떻게 될까? 변화를 이끌어낼 수 있는 지점이 바로 여기다.

평온의 기도 뒤에는 2천 년 전부터 회자되어온 스토아 철학의 경구가 있다. "우리에게 달린 것이 무엇이고, 그렇지 않은 것은 무엇인가?"

먼저, 우리에게 달린 것은 무엇인가?

우리의 감정

우리의 판단

우리의 창의성

우리의 태도

우리의 관점

우리의 욕망

·우리의 결정

우리의 결단

여기가 바로 우리의 경기장이다. 여기서는 모든 경기가 공정하게 진행된다. 그렇다면 우리에게 달려 있지 않은 것은 무엇인가? 그 밖의 모든 것이라고 해야 할 것이다. 날씨, 경제, 상황, 타인의 감정이나 판단, 추세, 재난, 기타 등등.

우리에게 달린 것이 우리의 경기장이라면, 우리에게 달려 있지 않은 것은 게임의 규칙과 조건들이다. 유능한 운동선수들은 여기에 이의를 제기하는 대신(그래 봤자 아무 소용이 없으니까) 최대한 유리한 쪽으로 이용하려고 노력한다.

이의를 제기하거나, 불만을 토로하거나, 심지어는 그냥 포기해버리는 것도 선택은 선택이다. 문제는 그런 선택이 결승선을 통과하는 데 아무런 도움이 되지 않는다는 점이다.

인식의 영역에서도 우리의 권한 안에 있는 것과 그렇지 않은 것을 구분하는 일은 결정적인 비중을 차지한다. 그것은 위대한 업적을 남기는 사람과 맨 정신을 유지하는 것 자체가 불가능한 사람(약물과 알코올뿐만 아니라 모든 종류의 중독이 다 포함된다) 사이의 차이이기도 하다.

사실은 우리가 바꿀 수 없는 것인데도 바꿀 수 있다는 환상을 품는 것만큼 위험한 일도 없다. 어떤 사람이 당신의 회사에 자금을 투자하기 않기로 결정했다면, 그것은 당신이 바꿀 수 있는 일이 아니다. 그러나 세련되고 고급스러운 품위를 갖추어야겠다고 결심하는 일은 어떤가? 얼마든지 할 수 있는 일이다. 누군가 당신의 아이디어를 훔쳐서 선수를 쳤다? 어쩔 수 없다. 그 아이디어를 한 단계 더 발전시키거나, 혹은 자신의 권리를 지키기 위해 싸우는 것, 그것은 당신이 할 수 있는 일이다.

한눈팔지 않고 오로지 우리가 할 수 있는 일에 초점을 맞추다 보면 그 범주가 점점 넓어진다. 반대로 우리가 아무런 영향력도 행사할 수 없는 일에 쏟아부은 에너지는 고스란히 낭비될 뿐이다. 이렇게 해서 허비되는 본인과 주변 사람들의 에너지가 얼마나 많은지 모른다.

장애물을 도전으로 인식하고 어떻게든 최선의 결과를 이끌어내려고 노력하는 것도 결국은 하나의 선택이며, 그 선택은 전적으로 본인에게 달려 있다.

"나에게 기회가 있습니까, 코치님?"

이것이 나에게 달렸는가?

지금 어떤 장애물 앞에서 움츠러들어 있다면 먼저 물어야 할 것은 바로 이것이다.

지금 해야 할 일을 하라

제대로 살기 위해 무언가를 기다리지 마라.
인생은 그 사이에 지나가버린다.

- 세네카 -

마음을 조금 느긋하게 먹고, 심각한 불경기나 경제 위기 와중에 잉태된 기업들의 목록을 한번 살펴보자.

〈포춘〉지 (1929년의 시장 붕괴 90일 후)

페덱스 (1973년 석유 파동)

UPS (1907년의 공황)

월트 디즈니 사 (11개월의 순항 이후 1929년의 시장 붕괴 도래)

휴렛 패커드 (1935년 대공황)

찰스 슈워브 (1974~75년 시장 붕괴)

스탠더드 석유 (록펠러가 남북전쟁 마지막 해인 1865년 2월에 인수한 업체가

훗날 스탠더드 석유로 성장했다.)

쿠어스 (1873년 불황)

코스트코 (1970년대 후반의 경기 침체)

레브론 (1932년 대공황)

제너럴 모터스 (1907년 공황)

프록터 & 갬블 (1837년 공황)

유나이티드 항공 (1929년)

마이크로소프트 (1973~75년 경기 침체)

링크드인 (2002년, 닷컴 거품 이후)

이 기업들은 대부분 자신이 역대급 불경기의 한복판에 서 있다는 사
실을 거의 인식하지 못했다. 이유가 무엇일까? 설립자들이 발등의 불,
당면 과제를 해결하느라 너무 바빴기 때문이다. 그들은 상황이 호전될
지 악화될지는 알지 못했지만, 현실이 어떤지는 명확하게 알고 있었다.
그들에게는 하고자 하는 일이 있었고, 틀림없이 성공할 거라고 믿는 아
이디어나 제품이 있었다. 물론 직원들에게 월급도 주어야 했다.

그러나 우리는 인생을 살아가면서 벌어지는 일들에 대한 대처에 만
족하지 못하는 경우가 많다. '의미'를 따지고, '정당'한지를 고민하고,
'배후'에 무엇이 숨어 있을지를 두려워하며, 다른 사람들은 무엇을 하
고 있는지 고민한다. 그러고 나서야 왜 자신의 문제점을 해결할 에너지

가 부족한지를 의아해한다. 혹은 지나치게 많은 생각을 한 끝에 지레 지쳐버리거나 겁을 먹는다.

비즈니스의 세계에 대한 우리의 이해는 온갖 신화와 허구들로 뒤죽박 죽되어 있다. 개인에 초점을 맞춤으로써 진짜 이야기를 놓쳐버리는 것 은 우스꽝스러운 일이 아닐 수 없다. 실제로 〈포춘〉지가 선정한 500대 기업 가운데 절반은 경기가 하락세로 돌아서거나 불황이 한창일 때 첫 발을 뗐다. 무려 절반이다!

요점은 대부분의 사람들이 어려운 시기에 사업을 시작하지만(지금이 어려운 시기라는 사실을 인식하지 못하는 경우가 많다), 그럭저럭 버텨낸다는 점이다. 이것은 불공평한 일이 아니라 보편적인 일이다. 살아남는 사람 들이 살아남는 이유는 매일매일 해야 할 일을 제대로 처리하기 때문이 다. 이것이 성공의 진짜 비밀이다.

우리의 앞길에 도사리고 있을지도 모를, 혹은 없을 수도 있는 괴물들 에게 초점을 맞출 것이 아니라 바로 지금 이 순간에 초점을 맞추어야 한다.

사업을 운영하려면 주변 세상의 온갖 제약을 내가 바꿀 수 없는 상 수로 간주하고 그 속에서 최대치를 이끌어내기 위해 노력해야 한다. 기업가 정신을 가진 사람들은 동물적인 본능의 소유자여서, 이게 왜 이럴까, 저렇게 되면 더 좋을 텐데 하는 식의 생각을 할 시간도, 능력 도 없다.

인간을 제외한 모든 동물들은 사물을 있는 그대로 받아들인다. 우리는 끊임없이 의미를 따지고 왜 그런 식으로 존재할 수밖에 없는지 그 이유를 고민한다. 따지고 보면 그런 고민은 아무 쓸모가 없다. 에머슨은 이 점을 아주 훌륭하게 표현한 바 있다. "우리는 설명만으로 하루를 살 수 없다." 쓸데없는 고민으로 시간을 낭비하지 말라.

지금과 같은 시대에 태어난 것이 좋은 일인지 안 좋은 일인지, 지금 취업 시장의 경기가 좋은지 그렇지 않은지, 지금 자신이 마주한 장애물이 무시무시한 것인지 아닌지 따위는 전혀 중요한 문제가 아니다. 중요한 것은 바로 지금 이 순간일 뿐이다.

장애물이 나타내는 것은 순전히 이론적인 측면이다. 그런 것들은 과거에도 존재했고, 미래에도 존재할 것이다. 우리는 '현재'에 살고 있다. 이 사실에 순응하는 사람들은 장애물을 극복하기가 그만큼 쉬워진다.

자신이 겪고 있는 어려움을 현재에 집중할 기회로 활용할 수 있다. 상황의 복잡성 따위는 무시하고 지금 일어난 일 그 자체에 만족하는 법을 배워야 한다. 먼 훗날의 일을 예측하려고 애쓸 필요도 없다. 다가오는 순간순간, 이미 일어난 일들과 다른 사람들의 바람 따위는 깨끗이 지워버리는 것이 최선이다.

시간이 지나면 자신에게 가장 잘 맞는 방법을 발견하게 되겠지만, 현재에 대한 집중력을 키우는 데에는 여러 가지 방법이 있다. 꾸준한 연습, 번잡한 세상사와의 단절, 느긋한 공원 산책, 명상 등이 그것이고, 특히 개를 한 마리 키워보면 현재가 얼마나 즐거운지를 되새기는 데 큰 도움이 된다.

한 가지는 확실하다. 그냥 '아, 현재를 살아야겠다'라고 말한다고 되는 문제가 아니다. 노력을 해야 한다. 다른 생각이 들 때마다 마음을 다잡아야 한다. 정신 사나운 생각들은 떨쳐버려야 한다. 어떤 유혹이 닥쳐도 흔들리면 안 된다.

다만 범위를 한정하는 선택이 연기(acting)보다는 편집(editing) 쪽에 가까울수록 일이 쉬워진다. 지금 이 순간이 곧 나의 인생이 아니라, 내 인생의 한 순간일 뿐이라는 사실을 명심하라. 지금 이 순간, 내 앞에 주어진 일에 전력을 기울여야 한다. 그 일이 무슨 '의미'를 갖는지, '왜 나에게 이런 일이 일어나는지' 따위는 무시하는 것이 좋다.

그런 고민 말고도 당장 해결해야 할 일들이 얼마든지 있다.

보편적인 우려는 무시하라

당신이 자주 생각하는 것, 그것이 당신이 된다.

- 마르쿠스 아우렐리우스 -

스티브 잡스는 관찰자들이 흔히 '현실 왜곡 장(reality distortion field)' 이라 부르는 독특한 모습을 곧잘 보여주었다. 동기 부여를 위한 전술이기도 하고 자신의 야심을 밀어붙이는 수단이기도 했던 이 '장' 때문에 그는 "그것은 불가능하다"라거나 "시간이 더 필요하다"라는 등의 핑계를 용납하지 않는 인물로 악명을 떨쳤다.

사람들이 어렸을 때부터 배워온 규칙과 타협의 습성 때문에 현실을 잘못 규정하는 경우가 많다는 사실을 일찌감치 터득한 스티브 잡스는 가능성과 불가능성에 대해 훨씬 더 공격적인 견해를 가지고 있었다. 전망과 직업윤리가 개입되면 인생의 많은 부분에 커다란 융통성이 생긴다고 본 것이다. 가설은 법칙이 아니며, 따라서 의문을 제기해봐야 한다.

　예를 들어 초창기 애플 제품의 신형 마우스를 설계하는 단계에서, 잡스는 대단히 높은 기대치를 가지고 있었다. 어떤 방향으로든 물이 흐르듯 자연스럽게 움직이는 마우스—당시에는 굉장히 획기적인 제품이 될 터였다—를 원했는데, 디자이너 가운데 한 사람이 수석 엔지니어에게 그런 마우스를 만들기란 상업적으로 불가능하다는 견해를 내놓았다. 다음 날 수석 엔지니어가 출근을 해보니, 스티브 잡스는 이미 그런 견해를 피력한 디자이너를 해고해버린 다음이었다. 그 대신 새로 채용된 디자이너가 제일 먼저 한 말이 "나는 그런 마우스를 만들 수 있습니다"였던 것도 무리가 아니다.

　이것이 바로 현실을 바라보는 잡스의 시각이었다. 망상에 사로잡혀서 그런 게 아니었다. 그에게는 한계를 극복하고 불가능한 일을 가능하게 만들 수 있다는 깨달음을 심어준 수십 년간의 경험이 있었다. 낮은 곳을 겨냥하는 사람은 별 볼 일 없는 성과에 만족하겠다는 의도를 드러낸 것이나 다름없다. 반대로 목표를 높게 잡았을 때 일이 잘 풀리면 엄청난 성과를 거둘 수 있다. 이런 점에서 스티브 잡스는 병사들에게 "알프스는 없다!"라고 외치던 나폴레옹과 맞먹는 인물이었다.

　대부분의 경우, 그런 자신감은 저절로 생기지 않는다. 충분히 납득할 수 있는 일이다. 현실적으로, 혹은 보수적으로 살아야 한다고 설교하는 사람들은 이루 헤아릴 수 없을 정도로 많다. 무언가 큰일을 도모할 때는 이런 가르침이 커다란 장애물로 작용한다. 과연 이것이 현실적인 생각일까 하는 의구심이 든다고 해서, 그 의구심이 실제 가능·불가능 여부와 상관있는 경우는 거의 없기 때문이다.

우리가 할 수 있는 일과 할 수 없는 일이 우리의 인식에 의해 좌우되는 경우가 너무나 많다. 어떤 면에서는 그것이 현실 자체를 좌우한다. 자신의 목표보다도 장애물에 더 집착하는 사람이 과연 어떤 성공을 거둘 수 있을까?

예술의 역사를 보라. 새로운 전망과 양식의 역사가 아니던가? 과학의 역사는 어떤가. 발견과 돌파의 역사 아닌가? 지금까지 통하던 낡은 개념이 무너지고 새로운 세상이 열린다.

다른 사람들의 말(혹은 우리의 머릿속에서 들려오는 말)에 지나치게 열심히 귀를 기울이면 안 되는 이유가 바로 이것이다. 자칫하면 아무것도 이루지 못할 곳을 방황하는 자신을 발견하게 될 테니까.

마음을 열고, 질문을 던져보라. 우리가 현실을 통제할 수는 없지만, 우리의 인식은 현실에 영향을 미칠 수 있다.

스티브 잡스는 매킨토시 컴퓨터를 처음으로 출하할 날을 불과 한 주 앞두고 엔지니어들에게서 날짜를 지킬 수 없을 것 같다는 보고를 받았다. 당장 회의가 소집되었고, 엔지니어들은 2주가 더 필요한 이유를 설명했다. 잡스는 침착한 말투로 2주 만에 할 수 있는 일이라면 한 주 안에 할 수도 있지 않느냐고 되물었다. 한 주나 두 주나 그렇게까지 큰 차이는 없다는 이야기였다. 더욱이 지금까지 이렇게 훌륭히 일을 처리해

왔으니 원래 예정된 출하 날짜인 1월 16일을 맞추지 못할 이유가 없다는 거였다. 엔지니어들은 힘을 합쳐 결국 마감 날짜를 맞췄다. 잡스의 고집이 모두가 불가능하다고 생각했던 현실을 바꿔놓은 것이다.

자, 윗사람한테서 도저히 맞추기가 불가능한 마감 날짜를 통보받았다고 할 때, 우리는 어떤 반응을 보일까? 화를 낸다. 윗사람을 비난한다. '어떻게 이럴 수가 있지?' '도대체 나더러 어떻게 하라는 거야?' '내가 무슨 슈퍼맨이라도 되는 줄 아나 보지?' 빠져나갈 구멍을 찾다 보면 스스로가 비참해지기 마련이다.

물론 이런 것들은 정말로 마감 날짜의 객관적 현실에 영향을 미치지 않는다. 아무리 주장해도 소용없다. 잡스는 스스로 자신의 능력을 믿지 않는 사람들을 용납하지 못했다. 잡스 자신의 요구가 부당하고, 불편하고, 지나치게 야심만만하다는 것을 아는 경우에도 마찬가지였다.

그가 만든 제품—믿기 힘들 만큼 직관적이고 미래 지향적인—에 담긴 천재성이 그런 습성을 구체화한다. 그는 다른 사람들이 넘기 힘든 한계라고 생각했던 선을 뛰어넘었고, 덕분에 전혀 새로운 제품을 만들어냈다. 돌아보면 사람들의 그런 생각이 옳을 때도 있었다. 1985년에 잡스가 애플에서 쫓겨난 이유 중에는 그가 일정을 맞추지 못했을 뿐 아니라 그의 제품이 제대로 작동하지 않았다는 사실도 포함된다(이사회 사람들이 애플이 소비재에 뛰어드는 것은 '정신 나간 계획'이라고 여겼다는 점이 아이러니이기는 하지만). 하지만 잡스는 이 경험을 통해 다른 영역에서 기술을 가다듬었다(덕분에 영화계의 판도를 바꿔버린 '픽사(Pixar)'가 탄생했다).

잡스는 주위 사람들의 반대를 거부하는 법을 터득했다. 반대는 두려움에 뿌리를 둔 경우가 너무 많기 때문이다. 그가 최초의 아이폰에 들어갈 특수 유리를 주문했을 때, 제조 업체는 시일이 너무 촉박하다며 난색을 표했다. "우리는 생산 능력이 부족합니다." 그들이 말했다. "두려워하지 마세요." 잡스의 대답이다. "할 수 있습니다. 마음을 집중하세요. 할 수 있습니다." 제조 업체는 신속하게 설비를 변경했고, 그로부터 채 6개월이 지나지 않아 첫 번째 수요를 충분히 감당할 생산 능력을 갖추게 되었다.

이것은 우리가 지금까지 배운 가르침하고는 전혀 다른 이야기다. 우리가 귀에 못이 박히도록 듣는 소리는 '현실적으로 생각해라' '주위의 반응에 귀를 기울여라' '다른 사람들과 사이좋게 지내라' '타협해라' 등이다. 하지만 다른 사람들의 생각이 잘못된 경우라면 어떻게 해야 할까? 옛날부터 전해 내려온 지혜가 지나치게 보수적이라면? 우리의 발목을 잡는 것이 바로 불평과, 보류와, 나아가 포기를 강요하는 보편적인 충동이다.

기업가란 아무것도 없던 곳에 무언가를 만들 수 있는 자신의 능력에 대한 믿음을 가진 사람이다. 그들에게는 그 일을 한 사람이 지금까지 아무도 없다는 점이 굉장히 매력적인 요소로 다가온다. 어떤 불공정한 임무가 주어졌을 때, 그것을 자신의 역량을 시험해볼 기회로 받아들이는 사람들이 있다. 그 임무를 달성하기가 얼마나 어려운지 너무나 잘 알기 때문에 자신이 가진 모든 것을 쏟아붓는다. 그들이 그것을 기회로

받아들이는 이유는, 잃을 것이 없는 절망적인 상황일 때 창의력이 최고
조로 발휘되기 때문이다.

　장애물에 의해 새로운 방향이 제시될 때, 최고의 아이디어가 탄생
한다.

어떤 상황에서도 기회를 발견하라

훌륭한 사람은 모든 일을 자신만의 색깔로 염색한다.
그리고 그 모든 일에서 유익을 취한다.

- 세네카 -

현대 전쟁사에서 무시무시하고 충격적인 작전 가운데 하나로 꼽히는 것이 바로 독일군의 전격전(Blitzkrieg)이다. 제2차 세계대전 당시, 독일은 이전까지의 지루한 참호전을 벗어나고자 했다. 그래서 그들은 무방비 상태의 적군을 전광석화처럼 기습하는 기동대에 역량을 집중했다.

독일의 기갑부대는 날카로운 창끝처럼 별다른 저항도 받지 않고 폴란드와 네덜란드, 벨기에와 프랑스를 쑥대밭으로 만들었다. 대부분의 경우, 적군의 사령관은 천하무적의 괴물로 느껴지는 독일의 기갑부대와 맞서 싸우기보다는 투항하는 쪽을 택했다. 도저히 대적할 수 없는 압도적인 전력이라는 인상을 주어 기선을 제압하는 것이 전격전의 전략적 핵심이었다. 이 전략은 그대로 맞아떨어졌다. 상대방이 그들을 강력하고 거대한 장애물로 인식하도록 만드는 데 성공했기 때문이다.

연합군은 전격전을 앞세운 독일군을 상대할 엄두조차 내지 못했다. 독일군의 막강한 전력에 비하면 연합군 진영은 허점이 가득했다. 연합군은 노르망디 상륙 작전에 성공한 뒤에도 독일군의 강력한 반격에 직면했다. 어떻게 독일군을 무찌를 것인가? 이러다가 그토록 값비싼 대가를 치르고 손에 넣은 노르망디 해변으로 다시 쫓겨나는 것은 아닐까?

한 위대한 지도자가 이 질문에 대한 답을 내놓았다. 몰타(Malta)에 마련된 작전 본부 회의실로 성큼성큼 걸어 들어온 드와이트 D. 아이젠하워 장군에게서는 잔뜩 주눅이 든 다른 장군들과 같은 두려움을 전혀 찾아볼 수 없었다. "현재 상황은 우리에게 재앙이 아니라 기회입니다. 머지않아 이 회의실에서 환하게 웃는 얼굴들을 보게 될 겁니다."

아이젠하워는 맹렬한 반격을 시도하는 독일군의 공세 속에서, 처음부터 줄곧 그들의 눈앞에 놓여 있던 전술적 해결책을 찾아냈다. 나치의 전략 그 자체에 스스로 파멸을 앞당기는 함정이 들어 있었던 것이다. 그제야 연합군은 장애물을 위협으로 받아들이지 않고 그 속에 깃든 기회를 바라볼 수 있게 되었다. 독일군의 공격은 5만 명이 넘는 병력이 곧장 그물―패튼 장군이 '고기 분쇄기'라고 표현한―을 향해 돌진해 들어오는 것과 다를 바 없었다.

독일군의 선봉이 진격해 오도록 내버려두었다가 측면과 후방에서 반격을 시도함으로써 적군을 완전히 포위해버리는 전략이 적중했다. 천하무적으로 간주되던 독일의 기갑부대는 무기력하게 궤멸되었다. 무슨 일이 있어도 옆구리를 노출하지 말라는 전투의 기본을 지키지 못한 교과서적인 사례가 되고 만 셈이다.

우리의 경험과 판단은 상황을 똑바로 바라보는 능력을 길러준다. 마르쿠스 아우렐리우스는 이렇게 썼다. "겉으로 보이는 모습과 상관없이 이것이 당신의 진정한 본질이다." 이것이 첫 단계다. 전격전과도 같은 인생의 수많은 문제와 맞서 기죽지 않고, 흔들리지 않고, 낙담하지 않아야 한다. 말은 쉽지만 이를 실천할 수 있는 사람은 극히 드물다. 하지만 감정을 다스리는 데 성공하면, 적응력을 발휘하는 다음 단계가 가능해진다. 마르쿠스 아우렐리우스는 이렇게 덧붙였다. "내가 찾던 사람이 바로 당신이다."

우리가 해야 할 일이 바로 이것이다. 그것을 바라보아야 한다. 로라 잉걸스 와일더는 말했다. "우리가 바라보기만 하면, 모든 것에는 좋은 점이 있다."

그러나 우리는 좀처럼 그런 관점을 갖기가 쉽지 않다. 기껏 우리를 찾아온 선물 보따리를 외면해버린다. 패배를 바라보기란 쉽다. 그렇지 않은가? 문제는 훤히 보인다. 하지만 기회를 알아보려면 좀 더 눈에 힘을 주어야 하고, 때로는 안경이나 현미경을 동원해야 한다.

문제의 뿌리는 선입견인 경우가 많다. 선입견 때문에 우리는 어떤 일이 특정한 방향으로 흘러가야 한다고 생각하게 되고, 그 예상이 빗나갈 경우에는 자연스레 커다란 위기를 떠올리거나 대안을 모색하느라 쓸데없이 시간을 낭비하고 있다는 생각을 하게 된다. 하지만 실제로는 모든 것이 공정한 게임이고, 모든 상황은 우리에게 행동할 수 있는 기회를 부여한다.

누구나 한 번쯤은 겪어보았을 상황을 떠올려보자. 내 직속상관이 정말 나쁜 사람이다. 아무리 둘러봐도 빠져나갈 구멍이 없다. 모든 것이 무거운 바윗덩어리처럼 나를 짓누른다. 잔뜩 움츠러들 수밖에 없는 상황 같다.

하지만 이런 상황을 재앙이 아닌 하나의 기회로 받아들이면 어떻게 될까? 더 이상 숨을 곳도, 도망칠 곳도 없어 모든 것을 포기해버리는 게 낫겠다는 생각이 들 때, 그때야말로 스스로를 한 단계 더 성장시키고 발전시킬 기회다. 여러 가지 해결책과 전술을 실험해보고, 자신의 기술을 발전시키기 위해 새로운 프로젝트를 감행하게 된다. 불한당 같은 직속상관을 면밀히 연구해 다른 어디서도 배우지 못할 교훈을 터득할 수도 있다. 그러기 위해서는 더 나은 일자리를 찾아 미리 이력서를 써두어야 한다. 새로운 소통 기법을 시도하거나 끝까지 자신의 입장을 밀어붙이는 연습을 할 수도 있는데, 물론 여기에는 완벽한 안전망이 전제돼야 한다. 여차하면 그만두고 다른 데로 가버리는 것.

두려움을 떨치고 이런 새로운 마음가짐으로 무장하면 양보를 이끌어내 다시 지금의 일이 즐거워질지도 모른다. 언젠가 당신의 직속상관이 실수를 저지르면 과감하게 그 허점을 파고들 수도 있다. 그렇게 하는 것이 하루 종일 앓는 소리를 하거나, 상대를 헐뜯는 데 전념하거나, 줏대도 없이 이리저리 흔들리는 것보다 훨씬 낫다.

혹은 끊임없이 골칫거리를 안겨다주는 숙명의 맞수(혹은 경쟁 업체)를 떠올려보자. 그들은 당신의 맞수인 동시에

- 당신의 긴장감을 유지해준다.
- 판을 키워준다.
- 그들이 틀렸음을 입증하려는 동기를 부여한다.
- 당신을 더욱 강하게 만든다.
- 진정한 친구에 대한 고마움을 일깨운다.
- 훌륭한 반면교사가 되어 나는 저렇게 되지 말아야겠다는 교훈을 준다.

컴퓨터가 망가져서 그동안 해놓은 작업이 다 날아갔다고? 새로운 마음으로 다시 시작할 기회다. 똑같은 일이라도 두 번 하면 두 배 더 잘하게 된다.

축복과 부담은 상호 배타적이지 않다. 그 둘의 관계는 훨씬 더 복잡하다. 소크라테스의 아내는 바가지만 긁는 못된 여자였다고 알려져 있다. 소크라테스는 그런 여자와 결혼을 한 덕분에 자신의 철학을 더욱 가다듬을 수 있었다고 틈만 나면 말했다.

사람들이…

- 건방지고 예의를 차리지 않는다.
→ 그들이 우리를 과소평가한다는 뜻이다. 커다란 혜택이 아닐 수 없다.
- 무시한다.
→ 우리가 그들을 무시해도 사과할 필요가 없다.
- 우리의 능력에 대해 비판적이거나 의심을 제기한다.
→ 기대치가 낮을수록 넘어서기가 쉽다.
- 게으르다.
→ 설령 우리의 업적이 조금 부족해도 대단해 보일 것이다.

물론 할 수만 있다면 쉽고 근사하고 만만한 쪽을 선택하면 된다. 하지만 그토록 피하고 싶었던 불행한 상황에 대처할 수 있는 제2의 행동을 기억할 수 있다면 어떨까?

스포츠 심리학자들이 커다란 역경이나 심각한 부상에 처한 엘리트 운동선수들을 연구한 적이 있다. 처음에는 모두들 커다란 고립감이나 정서적 불안감, 본인의 운동 능력에 대한 회의를 토로했다. 하지만 시간이 지나자 그들은 남을 도우려는 욕구, 이전과는 다른 새로운 관점을 회복했으며, 본인이 지닌 힘을 새롭게 자각하기에 이르렀다. 다시 말해 부상 기간 동안 느꼈던 모든 두려움과 의구심이 똑같은 분야에서 더 큰 능력으로 승화된 것이다.

멋진 일이 아닐 수 없다. 심리학자들은 이를 적대적 성장, 혹은 외상 후 성장이라 부른다. "죽지 않을 만큼의 고통이 나를 더욱 강하게 만들었다." 그냥 하는 소리가 아니라 사실이 그렇다.

장애물과 맞서 싸우는 투쟁은 필연적으로 당사자의 능력을 한 단계 끌어올리는 역할을 한다. 그것은 새로운 기회이자 새로운 작전의 장이다. 투쟁의 강도가 성장의 강도를 결정한다. 장애물은 역경이 아니라 혜택이다. 이런 사실을 바라보지 못하게 가로막는 인식만 조심하면 된다.

혹은 싸우고, 거부하고, 도망치는 방법도 있다. 결과는 같다. 장애물은 여전히 존재한다. 긍정적인 요소는 여전히 수면 밑에 숨어 있다. 어느 쪽을 선택할 것인가?

당신이 건네받은 선물의 포장이 허술할 때도 있다. 거부감이 들지도 모른다. 하지만 무슨 상관인가? 우리는 포장지 속에 든 것이 필요하다. 포장을 다 벗겨내고 그 내용물을 꺼낼 때 선물, 즉 기회가 모습을 드러낸다.

행동을 준비하라

하나라도 온 마음을 다해 끝까지 해보지 않았다면,
아무것도 하지 않은 것과 다름이 없다.

- 에픽테토스 -

우리가 문제라고 생각하는 것들이 정말로 우리가 생각하는 만큼 풀기
어려운 경우는 거의 없다. 아니, 문제는 정확하게 우리가 어렵다고 생
각하는 만큼 풀기 어렵다. 일어날 수 있는 최악의 사태는 사태 그 자체
가 아니라 그로 인해 이성을 상실하는 것임을 알아야 한다. 내 인생에
서 최악의 사태가 벌어졌다고 말하는 순간, 문제가 두 개로 불어나버린
다.(그중 하나는 불필요한 가짜 문제일 뿐이다.)

당신이 해야 할 일은 바로 이것이다. 일단 세상을 있는 그대로 바라
보게 되면, 그 다음에는 행동을 해야 한다. 적절한 인식, 즉 객관적이고
합리적이고 야심만만하고 투명한 인식을 하면 장애물은 따로 떨어져

그 본질을 드러낸다.

머리가 맑아질수록 손은 더욱 견고해진다.

그 견고한 손을 좋은 용도로 활용해 일을 해야 한다.

살다 보면 누구나 가정을 하게 되고, 비용과 혜택을 저울질하게 된다. 당신에게 장밋빛 유리를 통해 세상을 바라보라고 강요하는 사람은 아무도 없다. 그 누구도 당신에게 고귀한 실패나 순교를 강요하지 않는다.

그러나 장애물의 부정적인 현실을 정확하게 알고 있는 경우에도 과감한 행동이 필요하다. 과감하게 걸림돌과 맞서겠다는 용기가 필요하다. 이는 확률에 도전하는 도박꾼이어서가 아니라, 신중한 계산 끝에 리스크를 감수할 용기가 있기 때문이다.

인식을 제대로 관리하고 나면, 그 다음에 할 일은 행동이다.

준비가 되었는가?

PART 2

행동 단계의 원칙
Action

신중하되 과감하게 나아가라

행동은 어디에나 있지만, 상황에 꼭 맞는 '올바른 행동'을 취하기란 쉽지 않다. 올바른 행동이란 '올바른 방향성'을 갖춘 행동을 말한다. 행동 하나하나를 통해 우리 앞에 가로놓인 장애물을 해체해야 한다. 불굴의 끈기와 유연성을 발휘하여 목적에 가장 잘 부합하는 행동을 취해야 한다. 올바른 행동은 경솔함이 아닌 진정한 용기를, 무식한 완력이 아닌 창의적인 실천을 요구한다. 행동과 결정이 우리를 규정한다. 신중하고, 과감하며, 일관된 행동을 취하기 위해 최선을 다해야 한다. 그것이야말로 올바른, 나아가 효과적인 행동의 핵심이다. 아무 생각 없이 하는 행동, 책임을 회피하는 행동, 남의 도움을 기대하는 행동은 바람직하지 않다. 행동은 역경을 돌파하는 해결책이자 치료법이다.

데모스테네스처럼, 준비하고 행하라

데모스테네스가 아테네에서, 아니 역사 전체를 통틀어 가장 위대한 웅변가 가운데 한 사람이 될 조짐은 어디서도 찾아보기 힘들었다. 태어날 때부터 병약했던 그는 거의 언어 장애에 가까운 약점을 안고 있었다. 일곱 살 때 아버지가 세상을 떠난 다음부터 사정은 더욱 악화되었다.

그의 양육을 위탁받은 이들이 그에게 남겨진 거액의 유산을 가로챘다. 최고의 스승, 최고의 학교에서 가르침을 받기에 부족함이 없는 돈이었지만, 후견인들은 오히려 그에게서 교육의 기회를 박탈해버렸다. 워낙 허약하고 병치레도 잦았던 데모스테네스는 고대 그리스의 핵심 영역이었던 연무장(gymnasium)에서도 두각을 나타낼 수 없었다.

사람들은 아버지도 없고 병약한 데모스테네스를 비웃었다. 그런 소년이 머지않아 목소리 하나만으로 한 나라를 전쟁의 길로 몰아갈 수 있을 거라고 예측한 사람은 아무도 없었을 것이다.

타고난 운명과 주변 사람들에게서 아무런 도움도 받지 못한 데모스테네스는 불행한 아이가 겪는 거의 모든 시련을 경험했다. 부당한 일이 아닐 수 없었다. 보통 사람 같았으면 일찌감치 모든 것을 포기했을 것이다. 하지만 데모스테네스는 그러지 않았다.

이 소년의 마음속에는 아테네의 법정에서 본 어느 위대한 웅변가의 모습이 각인되어 있었다. 능숙하고 강력한 언변을 갖춘 이 웅변가는 혼자만의 힘으로 만인의 귀를 사로잡았고, 사람들은 몇 시간이고 지치지도 않고 그의 연설에 빠져들었다. 목소리, 그리고 생각의 힘만으로 모든 반대를 잠재웠던 것이다. 그런 그의 모습에, 무기력하고 만인의 멸시를 받던 데모스테네스는 커다란 자극과 영감을 받았다.

그래서 그는 방법을 찾기 시작했다.

우선 언어 장애를 극복하기 위해 자신만의 훈련법을 고안했다. 입에 자갈을 가득 물고 말하는 법을 연습했다. 맞바람을 안고, 혹은 가파른 언덕을 뛰어 올라가며 목청껏 연설하는 연습을 했다. 단 한 번의 호흡으로 처음부터 끝까지 연설 하나를 마무리하는 연습도 했다. 그 결과, 조용하고 나약하던 그의 목소리는 더없이 맑고 강한 울림을 토해냈다.

데모스테네스는 땅굴을 파고 그 속에 틀어박혀 독학을 시작했다. 바깥세상의 유혹에 빠져들지 않으려고 머리를 반만 박박 밀었더니, 정말로 창피해서 바깥출입을 할 수가 없었다. 그날부터 하루도 빠짐없이 목소리와, 표정과, 논리를 가다듬는 공부에 열중했다.

그러고 나서 세상으로 나오니 배움의 장은 더더욱 넓어졌다. 모든 순간, 모든 대화, 모든 거래가 자신의 기술을 발전시킬 기회였다. 목표는 오로지 하나, 법정에서 적들을 상대하고, 그동안 빼앗긴 것들을 되찾겠다는 일념이었다. 데모스테네스는 결국 이 목표를 달성했다.

나이가 들자 그는 자신을 부당하게 대우한 후견인들을 상대로 소송을 제기했다. 그들도 호락호락 물러서지 않고 변호사를 고용해 대응했지만, 데모스테네스는 포기하지 않았다. 유연하면서도 창의적인 전략으로 그들을 상대하며 수없이 변론을 펼쳤다. 고난을 극복하려고 스스로 터득한 그의 화법 앞에, 변호사들은 상대가 되지 않았다. 결국 데모스테네스는 그 재판에서 승리를 거두었다.

그가 되찾은 돈은 원래 물려받았어야 할 유산과 비교하면 터무니없이 적은 액수에 불과했지만, 돈은 둘째 문제였다. 대중의 마음을 움직일 수 있는 웅변가의 명성과 정교한 법률 지식은 돈으로 가치를 따질 수 있는 것이 아니었다.

그는 연설을 할 때마다 더욱 강해졌고, 매일같이 그 일에만 전력을 기울이다 보니 커다란 자신감을 가질 수 있게 되었다. 악당들의 마음을 꿰뚫어볼 수 있으니 더 이상 두려움을 느낄 필요도 없었다. 진정한 자신의 소명을 발견하게 된 데모스테네스는 훌륭한 웅변가를 넘어 아테네를 대표하는 양심의 목소리가 되었다. 그가 이런 성공을 거둘 수 있었던 이유는 그가 마주한 역경, 그리고 거기에 대처하는 마음가짐이 남달랐기 때문이다. 분노와 고통을 연료로 삼아 스스로를 단련했고, 그 누구도 대적할 수 없는 힘과 용기를 길렀다.

어느 학자가 데모스테네스에게 대중 연설의 가장 중요한 세 가지 요소가 무엇이냐고 물은 적이 있다. 그의 대답이 모든 비밀을 말해준다. "행동, 행동, 행동!" 데모스테네스가 마땅히 물려받았어야 할 유산을 빼앗긴 것은 불행한 일이 아닐 수 없다. 그러나 그는 이런 현실에 대처하는 과정 속에서 그보다 훨씬 더 소중하고 그 누구도 빼앗아갈 수 없는 또 다른 유산을 창출했다.

좋지 않은 패가 들어왔을 때, 당신의 모습은 어떠한가? 어떤 반응을 보이는가? 포기하는가? 가진 판돈을 모두 걸고 반격을 시도하는가? 자신도 모르게 폭발해버리는 경우도 있을 것이다. 당신은 불운을 향해 정면으로 도전하는 사람인가? 아니면, 피해서 달아나는 사람인가? 그도 아니면, 몸과 마음이 마비되어 꼼짝도 하지 못하는가?

이런 간단한 성격 테스트가 우리에 대한 많은 것을 말해준다. 너무나 많은 사람들이 이 테스트를 통과하지 못한다는 사실, 즉 행동을 포기한다는 사실은 안타까운 일이다. 행동이야말로 자연스럽고 본능적인 대응이다. 무언가에 발이 걸려 넘어질 때, 우리의 몸은 본능적으로 자신을 보호한다. 팔을 뻗어 땅을 짚어서 얼굴이 다치지 않도록 한다. 더 큰 사고가 닥칠 때도 팔을 들어 얼굴을 감싼다. 이것이 바로 '방어적 상처(defensive wounds)'가 생기는 이유다. 생각도, 불평도, 주장도 필요하지 않다. 그냥 행동하면 된다. 우리는 우리가 아는 것보다 더 큰 힘을 가지고 있다.

그러나 이런 본능이 통제될 때, 우리는 시간을 낭비한다. 데모스테네스처럼 행동하기보단 무기력하고 허황된 생각에 빠져, 자신을 한 단계 더 발전시킬 기회를 외면해버린다. 틀림없이 문제점을 밝혀내고 해결책을 찾아낼 기회가 있음에도 불구하고 몇 주, 몇 달, 심지어는 몇 년을 허비한다. 그 사이에 문제가 해결되기는커녕 오히려 더욱 악화된다. 마치 누군가 다른 사람이 나 대신 그 문제를 해결해주거나 장애물이 스스로 사라져버리기를 기대하는 형국이다.

누구나 이렇게 중얼거린 적이 있을 것이다. "꼼짝도 못하겠어. 너무 피곤해. 너무 바빠. 스트레스가 심해. 내 힘으로는 어쩔 수가 없어."

그래서 어떻게 행동하는가? 불평한다. 집중력을 잃는다. 자신에게 관용을 베푼다. 내일로 미룬다. 마냥 기다린다.

장애물을 외면하거나 이미 해결된 척하면 기분은 좋아질지 모른다. 하지만 마음속 깊은 곳에서는 그런다고 해서 사태가 호전되지 않는다는 것을 안다. 행동을 해야 한다. 지금 당장.

우리는 인생에서 나에게 어떤 일이 벌어지는지, 내가 어디서 왔는지 따위는 중요하지 않다는 사실을 잊고 살아간다. 중요한 것은 나에게 벌어진 일에 어떻게 대처하는가, 그로 인해 무엇을 얻을 수 있는가이다. 남다른 일을 할 수 있으려면 그 점을 최대한 활용할 수 있어야 한다.

역경을 기회로 승화시키는 사람들은 언제나 있었다. 이를테면 신체장애나 인종 차별에 맞서는 사람들, 우리보다 훨씬 더 강력한 전력을 갖춘 상대방과 대적하는 사람들을 생각해보라. 그들은 결코 포기하지 않는다. 자기 연민에 빠지지도 않는다. 곧 간단한 해결책이 나타날 거라는 환상으로 스스로를 기만하지도 않는다. 그들은 꼭 필요한 한 가지, 끝까지 활력과 창의력을 잃지 않는 방법에 초점을 맞춘다.

가난과 질곡, 수십 년에 걸친 분쟁의 틈바구니 속에서 태어난 사람들 중에도 현대적 의미의 정의, 혹은 선악의 개념을 뛰어넘은 이들은 얼마든지 있다. 그들에게는 그런 불행이 그다지 큰 의미를 갖지 못한다. 자신이 아는 것, 자신이 가진 것만이 문제가 될 뿐이다. 그들은 불평을 늘어놓을 시간에 자기가 해야 할 일을 했다. 불행을 기회로 승화시킨 이들이다. 물론 이것은 다른 선택의 여지가 없기 때문이기도 하다.

나약한 인간으로 태어나거나 불행의 제물이 되고 싶은 사람은 아무도 없다. 빈털터리, 무일푼 신세가 되고 싶은 사람도 없다. 장애물에 갇혀 가야 할 길을 가지 못하는 운명을 원하는 사람이 누가 있겠는가. 인식 그 자체가 그런 상황에 영향을 미치지는 못하지만, 그렇다고 해서 그것이 행동과 아무런 관계가 없는 것은 아니다. 오히려 이런 상황에 대처하기 위해서 반드시 필요한 것이 바로 행동이다.

잠시 숨을 돌리며 "빌어먹을, 이런 더러운 경우가 있나" 하고 중얼거려서는 안 된다는 뜻이 아니다. 감정을 분출하는 것도 좋고, 숨을 돌리는 것도 좋다. 현황을 파악하기 위한 노력도 필요하다. 단, 거기에 너무 많은 시간을 허비해서는 안 된다. 할 일이 있기 때문이다. 한 번씩 장애물을 극복할 때마다 우리는 조금씩 더 강해진다.

그렇지만…

아니, 변명은 필요하지 않다. 예외도 없고, 피해갈 길도 없다. 모든 것은 자신에게 달렸다. 달아나고 싶은 충동은 사치에 지나지 않는다. 숨는 것도 마찬가지다. 왜냐하면 누구나 자신이 하고자 하는 아주 구체적인 일을 가지고 있기 때문이다. 어떻게든 우리 앞에 가로놓인 장애물을 변화시켜야 한다.

당신을 구하러 달려올 사람은 없다. 가고 싶은 곳으로 가기 위해서는, 다시 말해 목표를 달성하기 위해서는 한 가지 길밖에 없다. 그것은 올바른 행동으로 자신의 문제에 대처하는 것이다.

장애물을 돌파하기 위해서 반드시 필요한 요소들을 명심하라.

- 정열
- 끈기
- 신중하고 일관된 처리 과정
- 반복과 탄력성
- 실용성
- 전략적 시야
- 능숙함과 분별력
- 기회, 그리고 결정적인 순간을 포착할 수 있는 안목

자, 이제 시작할 준비가 되었는가?

일단 시작하고, 계속 움직이라

사람에게는 써서 없애는 부분과 묵혀 없애는 부분이 있다.
나는 묵혀 없애기보다는 써서 없애는 쪽을 선택하겠다.

- 시오도어 루스벨트 -

어밀리아 이어하트(Amelia Earhart)는 훌륭한 비행사가 되고 싶었다. 하지만 그때는 아직 1920년대였고, '여자는 약하고 무능하기 때문에 비행사가 될 수 없다'는 인식이 지배적이었다. 여성이 투표권을 인정받은 지 채 10년도 되지 않은 시대였다.

어밀리아는 비행사로 먹고살 수가 없어서 사회복지사로 일했다. 그러던 어느 날, 전화벨이 울렸다. 전화를 건 남자는 상당히 공격적인 전제 조건을 내세웠다. '최초의 여성 대서양 횡단 비행을 후원하고자 하는 사람이 있다. 우리가 첫 번째 후보자로 점찍은 여자는 이미 꽁무니를 뺐다. 실은 남성 두 명을 당신의 보호자 자격으로 동승시킬 예정이라 당신은 직접 비행기를 조종할 필요가 없다. 그 두 사람에게는 많은 보수를 지급할 계획이지만, 당신은 보수를 기대하지 않아도 된다. 아 참, 당신은 임무 수행 중에 목숨을 잃을 수도 있다.'

이런 제안에 어밀리아가 어떤 대답을 내놓았을까? 그녀의 답은 '예 스'였다.

가능성에 도전하는 사람들은 이런 기회를 포기하지 않는다. 이것이 뭔가 훌륭한 일―비행기 조종이든, 여성에 대한 편견을 깨는 일이든 간에―을 해내는 사람의 특징이다. 그런 사람들은 일단 시작을 하고 본다. 언제 어디서든 예외가 없다. 조건 따위는 고려 대상이 아니다. 일 단 시작을 해서 추진력을 얻고 나면 반드시 성공할 수 있다는 확신이 있기 때문이다.

어밀리아 이어하트의 경우가 바로 그랬다. 그로부터 채 5년이 되지 않아 그녀는 대서양 단독 횡단에 성공한 최초의 여성 비행사가 되었으 며, 세계에서 가장 유명하고 존경받는 인물 가운데 한 사람으로 등극 했다.

하지만 만약 그녀가 애초의 터무니없는 제안을 거절했더라면, 그러 고 자괴감에 빠져 혼자 앉아 있었더라면 이런 멋진 일은 벌어지지 않았 을 것이다. 첫 번째 성취에 만족하고 그 자리에 안주했더라도 마찬가지 였을 것이다. 그녀가 첫 번째 기회를 움켜쥐었을 뿐 아니라 그 후에도 계속 전진했다는 점이 중요하다. 이것이 그녀의 성공 비결인 셈이다.

살다 보면 좌절할 때도 있다. 자신의 문제가 무엇인지 뻔히 아는 경우도 많다. 그 문제를 해결하기 위해서 어떻게 해야 하는지도 잘 안다. 하지만 정작 행동을 취하려 하면 두려움이 앞서서, 경험이 없어서, 예상이 빗나가서, 비용이 너무 많이 들어서, 시기가 맞지 않아서, 더 좋은 해결책이 나올 것만 같아서, 실패할 확률이 높은 것 같아서 선뜻 엄두를 내지 못한다.

그 결과 어떤 일이 벌어지는지 아는가? 아무 일도 벌어지지 않는다. 아무것도 하지 않기 때문이다. 스스로에게 이렇게 말해보라. 이제 그렇게 주저앉아 있을 때는 지났다고. 바람이 불고 종소리가 울리는 지금, 행동을 시작하고 움직여야 한다고.

우리는 세상이 늘 우리의 편의를 봐줄 거라는 착각 속에 살아갈 때가 많다. 그래서 당장 행동을 시작해야 할 시점에 미적거리기만 한다. 전력으로 달려도 모자랄 판에 느긋하게 조깅을 즐긴다. 그러고는 멋진 일이 벌어지지 않는다고, 기회가 찾아오지 않는다고 투덜거리다가, 새로운 장애물이 모습을 드러내고 적들이 전열을 가다듬어 공격을 시작하면 그제야 충격에 사로잡힌다. 따지고 보면 우리가 미적거리는 동안 그들은 숨을 돌리고 전열을 정비했다. 우리가 그들에게 기회를 제공한 것이다.

그러니 첫걸음은 이렇다. 어깨에 둘러멘 방망이를 곧추세워 휘두르기 시작하라. 어디든 가기 위해서는 일단 출발을 해야 하지 않겠는가.

자, 이렇게 해서 당신이 일단 첫걸음을 떼어놓았다고 하자. 아주 좋다. 그것만으로 이미 대부분의 사람들을 앞선 셈이다. 하지만 아주 솔직한 질문을 하나 던져보자. 조금 더 잘할 수는 없었을까? 아마 그럴 기회는 있었을 것이다. 그럴 기회는 항상 있다. 한 발 양보해서, 조금 더 열심히 노력해볼 여지는 있었다. 일단 출발을 한 것은 좋은 일이지만, 아직 최선의 노력을 기울이지는 않았다.

그것이 결과에 영향을 미칠까? 물어볼 필요도 없다.

세네카는 언젠가 농담 삼아 모든 바보의 공통점은 '언제나 시작할 준비만 한다는 점'이라고 말했다. 그들도 그것이 문제임을 안다. 해결책도 안다. 그러면서도 '내일' 하면 된다고 생각한다. 조건이 더 좋아지면, 준비물이 다 갖춰지면, 보스에게서 진격 명령이 떨어지면, 다른 사람들이 먼저 움직이는 것을 확인하면, 돈이 조금 더 모이면, 그때 시작하자.

그래, 좋은 생각이다.

이런 미루기, 게으름 피우기는 어차피 승리는 보장되어 있으니 서두를 필요가 없다는 둥 여러 가지 형태로 나타나지만, 결과는 늘 똑같다. 그렇게 해서는 아무 데도 가지 못한다. "내일 할 거야"라는 말은 세상에서 가장 교활하고 유혹적인 거짓말이기 때문이다.

당신이 잠을 자고, 여행을 즐기고, 모임에 참석하고, 온라인에서 불만을 늘어놓을 때, 당신의 경쟁자는 그렇게 하지 않는다. 그러는 동안에도 문제는 악화하고 엔트로피는 증가한다. 의심의 눈초리로 당신을 지켜보는 감시자들, 고착된 이해관계 역시 마찬가지다.

요즘은 공격적인 자세나 리스크를 감수한 채 과감하게 진격하는 성향을 경시하는 풍조가 만연하다. 어쩌면 폭력적인 남성성이라는 부정적인 개념을 연상하기 때문인지도 모른다. 하지만 이어하트는 꼭 그렇게 생각할 필요가 없음을 보여주었다.

실제로 그녀의 비행기 측면에는 "항상 조종간을 앞으로 밀어놓고 생각하라"라는 문구가 적혀 있있다. 비행 속도를 늦추면 안 된다. 신중한 것은 좋지만, 항상 앞으로 나아가지 않으면 안 된다.

가만히 앉아 자원이 부족하다고, 이 장애물은 꿈쩍도 하지 않는다고 불평을 늘어놓아서는 절대 안 된다. 시도조차 해보지 않고 어떻게 그런 말을 한단 말인가. 그런 사람은 언제까지나 똑같은 자리에 머물 수밖에 없다. 아무것도 한 게 없기 때문이다!

사회 전반적으로는 용기에 대한 이야기가 많이 나오지만, 정작 행동이 필요한 가장 기본적인 차원에서는 잊어버리는 경우가 많다. 내가 두려워하는 사람에게 접근할 때, 혹은 반드시 알아야 할 분야의 책을 펼쳐 들 때도 마찬가지다. 이어하트가 그랬던 것처럼, 존경받는 사람들은 '그래, 한번 가보자'며 일단 행동을 시작한다. 그것도 평범한 사람들은 좀처럼 상상하기 힘든 악조건 속에서.

상황이 마음에 들지 않는다고 해서, 혹은 아직 준비가 덜 된 느낌이라고 해서 면죄부가 주어지지는 않는다. 관성의 법칙을 원한다면 스스로 그 관성을 만들어내는 수밖에 없다. 지금 당장, 자리에서 일어나 행동을 시작하라.

끝날 때까지 멈추지 말라

고난은 정신을 강하게 하고, 힘든 일은 육체를 단련시킨다.
- 세네카 -

율리시스 S. 그랜트 장군은 미국에서 가장 중요한 강으로 꼽히는 미시시피 강의 절벽 위 고지대에 자리한 빅스버그라는 도시의 남부연합군의 방어벽을 뚫기 위해 1년 가까이 총력을 기울였다. 정면 공격과 우회 공격은 물론, 강의 물길을 바꾸기 위해 새로운 운하를 파느라 몇 달 동안 안간힘을 다하기도 했다. 상류의 제방을 폭파해 강물이 범람하면 배를 띄워 도시로 침투하는 작전까지 마다하지 않았다.

어떤 작전도 통하지 않았다. 그러는 동안 언론이 들끓기 시작했다. 몇 달이 지나도록 아무런 진전이 없었다. 기다리다 지친 링컨 대통령은 다른 장군을 파견했고, 그 장군이 코앞에서 대기하고 있었다. 하지만 그랜트는 흔들리지 않았다. 조급해 하지도, 포기하지도 않았다. 그는 어디엔가 빈틈이 있다는 것을 알고 있었다. 끝내 그 빈틈을 찾아내지 못하면 만들어내기라도 해야 했다.

결국 그는 군사 이론에서 유래를 찾아보기 힘든 특단의 작전을 구상했다. 강을 지키는 적군의 포대 앞으로 배들을 진격시킨 것이다. 설령 적군의 집중 포화를 뚫고 무사히 통과한다 해도 다시 돌아올 수는 없다는 점에서 참으로 상당한 위험이 따르는 작전이었다. 결국 치열한 야간 포격전 끝에 그랜트 장군의 배들은 큰 해를 입지 않고 적군의 사정거리를 벗어나는 데 성공했다. 며칠 뒤, 그랜트는 48킬로미터가량 하류에 위치한 루이지애나 주 '하드 타임스'라는 독특한 지명을 가진 곳에서 강을 건넜다.

그랜트의 계획은 대담하기 그지없었다. 군수 물자를 뒤에 남겨둔 채 마을을 하나하나 점령하며 강을 거슬러 올라가야 했다. 이렇게 해서 그랜트가 빅스버그를 포위하자, 그의 부하들은 물론 적군에게도 분명한 메시지가 전해졌다. '그는 절대 포기하지 않을 것이다.' 이윽고 방어선에 균열이 생기기 시작했다. 누구도 그랜트를 막을 수 없었다. 깔끔한 승리는 아니었지만 값진 승리가 아닐 수 없었다.

우리도 장애물을 극복하고 싶으면 안팎으로 이런 메시지를 널리 알려야 한다. 실패가 우리를 가로막지 못할 것이며, 결코 조급해 하지도, 외부의 잡음에 집중력을 잃지도 않을 것이다. 장애물이 완전히 제거될 때까지 끈질기게 파고들 것이다. 저항해도 소용없다.

그랜트 장군은 빅스버그에서 두 가지 사실을 깨달았다. 첫째, 집요한 끈기는 무엇과도 바꿀 수 없는 자산이며, 어쩌면 지도자의 가장 중요한 자질이기도 하다. 둘째, 그토록 집요하게 파고들다 보면 흔히 나타나는 결과이기도 하지만, 기존에 알려진 방법들이 통하지 않을 경우 전혀 새로운 방법을 시도해야 한다. 보급품을 실은 기차를 놔두고 황량하고 적대적인 지역으로 들어가는 것은 사전에 검증된 바가 없는 작전이었기에, 그랜트 장군이 이끄는 북군은 남군의 자원과 투지를 서서히 와해시킬 수 있었다.

이런 불굴의 끈기는 단순히 눈앞의 승리만 가져다준 것이 아니다. 잘못된 방법들을 일일이 시도해본 끝에 전혀 새로운 길을 발견해, 궁극적으로 전쟁을 승리로 이끌 수 있었기 때문이다.

그랜트의 사례는 원칙을 벗어나는 예외가 아니다. 이것이 바로 원칙이다. 혁신은 이렇게 이루어진다.

1878년 당시, 백열전등을 실험하던 사람은 토머스 에디슨 말고도 여럿이 있었다. 그러나 도합 6천 가지의 필라멘트―그중에는 부하 직원의 턱수염으로 만든 것도 있었다―를 일일이 실험하며 성공을 향해 한 발 한 발 나아간 사람은 에디슨 말고는 없었다. 결국 에디슨은 적당한 필라멘트를 찾아냄으로써 천재란 사실 변장한 끈기에 지나지 않는다는 사실을 입증했다. 에디슨은 육체적, 정신적 에너지를 총동원해 지치지도, 포기하지도 않고 실험을 거듭한 끝에, 경쟁자와 투자자, 그리고 언론의 조급증을 잠재우고 세상의 어둠을 비출 힘을 발견했다.

에디슨이 전구를 발명하는 동안 그의 연구실에서 실망스러운 한 해를 보낸 니콜라 테슬라(Nikola Tesla)는 언젠가 에디슨의 그런 노력을 건초더미 속에서 바늘을 찾는 비유로 조롱한 적이 있다. 에디슨의 방법은 목표물을 찾아낼 때까지 지푸라기 하나하나를 일일이 들춰보는 것과 다름없다는 것이다. 글쎄, 때로는 그런 방법이 필요한 경우도 있다.

우리도 장애물과 마주치면 그랜트와 에디슨의 사례를 떠올려보자. 입에 시가를 문 그랜트의 모습과, 실험실에서 며칠 동안 잠도 자지 않고 연구에 몰두하는 에디슨의 모습. 두 사람 모두 끝내 포기하지 않았고, 알프레드 로드 테니슨(Alfred Lord Tennyson)이 또 다른 율리시스를 소재로 쓴 시에 나오는 "분투하고, 추구하고, 발견하라"라는 구절처럼 불굴의 끈기를 발휘했다.

그들은 마음속으로 수많은 방법을 하나씩 떠올리며 똑같은 열정으로 그 하나하나를 시험했다. 언젠가 통하는 방법이 나오리라는 것을 알기 때문이었다. 실험을 거듭할 기회가 주어진 사실에 감사하고, 그로 인해 드러난 소중한 진실에 감격했다.

지금 당신 앞에 가로놓인 장애물은 아무 데도 가지 않는다. 아무리 열심히 생각을 한다 해도 생각만으로 저절로 없어지지는 않는다. 일단 장애물 자체와 주위 사람들을 면밀히 살펴봐야 하는데, 그들이 온갖 의심과 평계를 제기하면 마거릿 대처의 유명한 한마디를 인용하면 된다. "원하는 사람은 돌아가세요. 이 여자는 돌아가지 않을 겁니다."

그랜트나 에디슨 같은 위대한 승리가 한순간의 번득이는 통찰력 덕분이라고 생각하는 사람들이 의외로 많다. 타고난 천재성에 힘입어 문제를 해결했다는 것이다. 하지만 알고 보면 그들은 수많은 각도에서 실험을 거듭하여 겉보기와는 달리 문제 해결에 도움이 되지 않는 방법들을 하나하나 지워나가는, 지극히 느리고 원시적인 방법에 의존했을 뿐이다. 그들의 천재성은 확고한 목표 의식, 의심의 목소리에 귀를 기울이지 않는 집중력, 그리고 옆길로 벗어나지 않겠다는 열정이다.

만약 이런 방법이 '과학적'이거나 '적절'하지 않다면 어떻게 할 것인가? 중요한 것은 이 방법이 통한다는 사실이다. 열심히 노력하면 문제가 해결된다. 지극히 단순하다.(물론 쉽지는 않지만.)

우리가 인생을 살아가면서 시도하는 대부분의 일들에서 능력은 생각만큼 중요하지 않다. 대개의 경우 우리는 충분한 기술과 지식과 능력을 갖추고 있다. 문제는 아이디어를 좀 더 세련되게 가다듬을 수 있는 끈기가 있느냐는 점이다. 투자자나 후원자가 나타날 때까지 포기하지 않고 문을 두드릴 수 있는가? 정치적인 난관을 헤쳐나가고 인간관계의 드라마를 극복할 끈기가 있는가?

일단 장애물을 공략하기 시작하면 절대 중단해서는 안 된다. 그런 생각이 머릿속으로 비집고 들어오는 것조차 허락하지 말아야 한다. 가능성이 더 높아 보이는 다른 방법이 나타나면 원래의 방법을 포기할 수도 있지 않느냐고? 물론 그럴 수도 있지만, 그것은 포기와는 전혀 차원이 다른 이야기다. 일단 머릿속에 포기하는 그림이 떠오르면 게임은 이미 끝난 거나 다름없다.

다음과 같은 사고방식에 유념하라.

절대 서두르지 않는다.
절대 걱정하지 않는다.
절대 좌절하지 않는다.
절대 중단하지 않는다.

에픽테토스가 좋아했던 구절, "집착하고 저항하라"를 떠올리는 것도 좋다. 자신의 노력에 집착하고, 온갖 부정적인 요소에 굴복하지 않도록 저항하라.

지나치게 부담스러워하거나 조급해 할 필요는 없다. 당황하거나 절망할 필요도 없다. 당신은 어디에도 가지 않는다. 이 게임에서 당신을 탈락시킬 사람은 아무도 없다. 싸움은 어차피 장기전이다.

경기가 끝날 때까지 뛸 걸 아는 선수는 시계를 신경 쓸 필요가 없다. 그는 자신이 끝날 때까지 멈추지 않을 것을 안다. 따라서 모든 순간을 마음대로 활용할 수 있다. 일시적인 정체 때문에 낙담할 필요도 없다. 기나긴 여정을 따르다 보면 가끔 험한 길이 나올 때도 있다.

새로운 일을 하기 위해서는 장애물을 각오해야 한다. 새로운 길이 잡초 하나 없이 깨끗할 수는 없다. 쓰레기를 치우고 잡초를 뽑기 위해서는 시간과 끈기가 필요하다. 다른 사람들이 중간에 포기해버리는 장애물을 돌파해내면 그때부터는 아무도 밟아보지 못한 미지의 영역을 개척할 수 있다. 오로지 '집착과 저항'을 통해 조급한 사람들이 미처 깨닫지 못한 교훈을 터득할 수 있게 되는 것이다.

낙담하는 것은 괜찮다. 그러나 포기는 안 된다. 포기하고 싶은 유혹을 뿌리치고 조금씩 목표를 향해 다가서다 보면, 난공불락으로 보였던 요새가 어느새 당신의 발아래 정복되어 있을 것이다. 이것이 바로 끈기의 위력이다.

에디슨은 발명의 과정이 폭발적인 직관에서 비롯하지만 그 다음에는 어려움이 밀려오기 시작한다고 설명한 적이 있다. 에디슨이 다른 발명가들과 다른 점은 이런 어려움을 참아내고 꾸준히 해결책을 향해 전진했다는 사실이다.

바꿔 말하면 이렇게 된다. 결코 쉽지는 않을 것이다. 첫 번째 시도는 성공하지 못할 확률이 높다. 많은 에너지가 필요할 것이다. 하지만 에너지는 쓰면 쓸수록 더 많이 생기는 자원이다. 재생 가능한 자원이라는 뜻이다. 기적을 기다릴 것이 아니라 약한 고리를 찾아야 한다. 천사(angels)를 찾지 말고 올바른 각도(angles)를 찾으라. 반드시 방법이 있다. 장기전에 대비하고 모든 가능성을 시험하다 보면 어느새 목표에 도달해 있을 것이다.

사람들이 당신에게 지금 어디에 있느냐고, 무엇을 하느냐고, 상황이 어떻게 돌아가고 있느냐고 물으면 지체 없이 이렇게 대답할 수 있어야 한다. 노력하고 있다고. 점점 더 목표에 다가가고 있다고. 문제가 생기면 두 배 더 노력해서 극복하는 수밖에 없다.

실패를 출발점으로 삼으라

당신이 어디에 있는가보다 더 중요한 것은
목적지에 도착했을 때 당신이 어떤 사람인가이다.

- 세네카 -

실리콘 밸리에서는 완벽하게 완성된 비즈니스 플랜을 가지고 창업하는 신생 기업이 거의 없다. 그보다는 이른바 '최소 요건 제품(Minimum Viable Product, MVP)', 즉 한두 가지 핵심 기능만 가진 가장 기본적인 모델을 출시하는 경우가 많다. 소비자의 반응을 즉각적으로 확인하는 것이 목적이다. 반응이 신통치 않으면 더 큰 출혈 없이 신속하게 사업을 접을 수 있다. 소비자들이 원하지 않는 제품에 돈과 노력을 쏟아부을 필요가 없다.

그래서 요즘 엔지니어들은 '실패가 특징이다'라는 말을 흔히 주고받는다. 농담이 아니다. 실패는 하고자 하는 일이 개선되거나, 교훈을 터득하거나, 뭔가 새로운 일로 이어지면 훌륭한 자산이 될 수 있다. 거의 모든 성공은 실패에 뿌리를 두고 있다. 잘못을 발견하고 경로를 바꾸는 것은 절대 창피한 일이 아니다. 한 번씩 그런 일이 벌어질 때마다 새로운 옵션이 생긴다. 문제점이 기회로 변하는 것이다.

낡은 방식의 비즈니스, 즉 기업이 시장 조사를 통해 소비자들의 욕구를 추측하고 거기에 입각해 피드백으로부터 고립된 연구실에서 제품을 만드는 방식은 실패에 대한 두려움에 의해 지배되며, 실패로 인한 충격에 취약하다. 잔뜩 공을 들인 제품이 출시 당일부터 주저앉아버리면 그동안의 모든 노력이 수포로 돌아간다. 설령 성공을 거둔다 해도 무엇 때문에 그 제품이 성공을 거두었는지 아는 사람은 아무도 없다. 반면 MVP 모델은 실패와 피드백을 기꺼이 포용한다. 실패로 인해 더욱 강해지며, 통하지 않거나 소비자들이 관심을 보이지 않는 기능은 과감히 삭제하고 가장 핵심적인 기능을 더욱 개선하는 데 개발자의 한정된 자원을 집중적으로 투자한다.

자영업의 비중이 크게 늘어가는 오늘날과 같은 추세에서는 자기 자신을 일종의 신생 기업으로 간주하는 시각이 바람직하다. 이것은 다시 말해서 실패와의 관계를 변화시켜야 한다는 의미이기도 하다. 새로운 일을 시도할 수 있다는 것은 실패를 감당할 수 있는 능력과 연결된다.

성공에 도달하기 위해서는 실패를, 그것도 여러 차례의 실패를 경험해야 한다. 그것은 결코 나쁜 일이 아니다. 오히려 좋은 일이다. 행동과 실패는 동전의 양면과도 같다. 하나가 없으면 다른 하나도 존재하지 않는다. 하지만 행동을 중단하면 이 결정적인 연결 고리가 깨지고 만다. 실패를 제대로 받아들이지 못하는 탓이다.

실패가 현실로 다가오면 이런 질문을 던져봐야 한다. '뭐가 잘못되었지? 어떻게 개선할 수 있을까? 내가 무엇을 놓쳤지?' 이렇게 하면 처음에 시도했던 것보다 훨씬 나은 새로운 방법이 탄생한다. 실패를 경험하면 막다른 골목에 갇힌 기분이 되고, 어떻게든 이 위기를 벗어나야 한다는 절박함이 생긴다. 이것이 새로운 추진력의 원동력으로 작용한다.

위대한 성공담의 이면에는 엄청난 실패담이 숨어 있는 이유가 바로 이 때문이다. 실패를 경험한 사람들은 출발점으로 되돌아가게 된다. 그들은 실패를 두려워하기보다 거기에서 새로운 자극과 용기를 얻는다. 운동선수의 경우, 오랫동안 한 번도 이겨보지 못한 경쟁자와 대등하게 싸울 수 있다는 자신감을 갖게 되려면 아슬아슬한 패배가 반드시 필요하다. 패배는 고통스럽지만, 프랭클린의 말처럼 그 속에 길이 있다.

과학자들은 자기가 세운 가설이 틀렸다고 입증되어도 당황하지 않는다. 원래 그런 거니까! 사업의 영역에서도 실패를 개인적인 능력 부족으로 받아들이면 안 된다. 그 또한 과정의 일부이기 때문이다. 어떤 투자나 신제품이 성공을 거두면 다행이지만, 설령 실패하더라도 준비가 되어 있으면 치명적인 상처를 피할 수 있다. 그래서 전 재산을 다 투자하면 안 된다. 그 과정을 통해 뭔가 배우면 된다.

성공하는 사업가는 이런 특징을 가지고 있다.

- 자리에 연연하지 않는다.
- 투자의 일부분을 손해 보는 것을 두려워하지 않는다.
- 당황하거나 분개하지 않는다.
- 오랫동안 판을 벗어나 있지 않는다.

그런 사람들은 여러 차례 미끄러질지언정 쓰러지지는 않는다.

실패를 통해 소중한 교훈을 얻을 수 있다는 사실을 잘 알고 있는 사람도 정작 실패 앞에서는 움츠러드는 경우가 많다. 실패는 당혹스럽거나 수치스러운 일이라는 생각 때문에 가능하면 피하려고 안간힘을 다한다. 그러다가 실패하면 발버둥을 치며 비명을 지른다.

'실패를 원하는 사람이 누가 있나? 실패는 너무나 고통스러워.'

그렇지 않다는 주장을 펼치려는 게 아니다. 하지만 미리 예상한 일시적인 실패는 치명적이고도 영구적인 실패보다 훨씬 덜 고통스럽다는 사실은 누구나 안다. 좋은 학교에 다니려면 수업료를 내야 하듯이, 실패를 통한 깨달음도 절대 공짜가 아니다. 불편을 겪고, 손해를 보고, 처음부터 다시 시작해야 한다는 것이 실패의 수업료다.

즐거운 마음으로 이 수업료를 낼 수 있어야 한다. 사업가든 직장인이든 작가든 간에, 그보다 더 좋은 스승은 없다. 아일랜드의 선장들은 암초의 위치를 낱낱이 알고 있는데, 이는 배 밑바닥으로 그 암초들을 일일이 긁어보았기 때문이라고 한다. 좌초하지만 않으면 되는 것 아닌가?

제2차 세계대전 초반, 에르빈 롬멜(Erwin Rommel)을 위시한 독일은 북아프리카에서 영국과 미국군을 상대로 전광석화 같은 기습 작전을 펼쳤다. 키레나이카, 투브루크, 튀니지 등지에서 계속된 롬멜의 공세는 세계 전쟁사에서 가장 눈부신 승리로 이어졌다. 독일군은 본국에서 멀리 떨어진 북아프리카의 황무지에서 한 치 앞이 보이지 않는 모래 폭풍과 타는 듯한 더위, 식수 고갈 등 온갖 악조건을 무릅쓰고 연합군에게 연이은 패배를 안겼다.

싸움은 이미 끝난 듯이 보였으나, 그러는 사이에 독일군은 연합군에게 아주 귀한 교훈을 선사한 셈이다. 사실 연합군은 이 지역의 지형이 자기네에게 굉장히 불리하다는 것을 알면서도 의도적으로 그 싸움을 선택했다. 처칠은 어디선가 독일군을 상대해야 한다는 사실을 알고 있었지만, 만약 유럽에서 패전을 당하면 연합군 전체의 사기가 크게 떨어질 것이 분명했다.

하지만 북아프리카에서라면 영국과 미국은 독일을 어떻게 상대해야 하는지 잘 알고 있었다. 초기에 여러 차례 실패하면서 터득한 교훈이었다. 단, 그들은 학습곡선을 예상했고 충분히 계획을 세웠기 때문에 그정도 패배는 감수할 수 있는 수준이었다. 그들은 그랜트와 에디슨이 그랬듯 그것이 무엇을 의미하는지 잘 알고 있었다. 그들이 원하는 것은 당장 눈앞의 승리가 아니었다. 그 결과 이탈리아에서 히틀러와 대적한 연합군은 아프리카에서보다 훨씬 강력한 전력을 갖추고 있었고, 프랑스와 독일에서는 그보다 더욱 강한 집중력을 발휘할 수 있었다.

실패를 경험하고도 아무런 혜택을 얻지 못하려면 실패는 무조건 나쁜 것이기 때문에 아무것도 배울 게 없다는 사고방식을 가지면 된다. 똑같은 행동을 몇 번이고 되풀이하는 것은 정신 나간 짓이 아닐 수 없다. 사람들은 언제나 크고 작은 실패를 경험한다. 하지만 그 실패를 통해 아무것도 배우려 하지 않는다. 귀도 기울이지 않는다. 실패를 통해 드러나는 문제점을 쳐다보지도 않는다. 이렇게 해서는 발전을 기대할 수 없다.

변화를 거부하는 이 멍청한 사람들은 지나치게 자기 자신에게 집착한 나머지 세상이 자기네 하소연을 다 들어줄 만큼 한가하지 않다는 사실을 이해하지 못한다. 지나치게 자존심이 강하고 보호막이 두꺼운 사람들은 '잘 실패하기'가 어렵다.

세상은 당신이 저지른 실패, 행동에 대해 그때마다 분명한 메시지를 전하려 한다는 점을 명심하라. 그것은 일종의 피드백이다. 앞으로는 어떻게 해야 좀 더 발전할 수 있는지를 일깨워주는 정확한 지침서와도 같다. 실패는 당신에게 무언가를 가르쳐주고자 한다. 당신이 할 일은 귀를 기울이는 것이다. 귀를 닫아버리면 아무리 좋은 가르침도 들리지 않는다.

세상이 이렇게 돌아간다는 것을 알면 어떤 장애물도 극복할 수 있다. 바로 여기가 부정적인 요소가 긍정적인 요소로 바뀌는 지점이다. 우리에게는 좌절을 기회로 바꿀 수 있는 힘이 있다. 실패는 가면 안 되는 길을 보여줌으로써 우리에게 올바른 길을 안내한다.

결과보다 과정에 집중하라

준비된 자가 기회를 만날 때
우리는 그것을 행운이라고 부른다.

- 세네카 -

닉 세이번(Nick Saban) 감독이 그리 자주 입에 담지는 않아도 그의 코치들과 선수들은 하나같이 뼛속 깊이 새기는 단어가 하나 있다. 입으로만 말하는 것이 아니라 마음 한복판에 문신처럼 새긴 채 행동 하나하나에 그 의미를 담는다. 그들이 거둔 초유의 성공이 바로 그 단어 덕분이기 때문이다. 그것은 바로 '과정(the Process)'이라는 단어다.

대학 풋볼 역사상 가장 압도적인 전력을 갖춘 팀인 앨라배마 대학 풋볼 팀 감독인 세이번이 강조하는 부분은 다른 감독들과 다르다. 내용은 비슷할지 몰라도 방식이 다르다. 그는 과정을 가르친다.

"지역대회 우승을 생각하지 마라. 전국대회 우승을 생각하지 마라.

이번 훈련에서, 이번 시합에서, 바로 지금 이 순간에 해야 할 일을 생각해라. 그것이 과정이다. 오늘 우리가 할 수 있는 일, 지금 당장 해야 할 일을 생각하자."

인생과 마찬가지로, 혼돈의 세계라고 해도 과언이 아닐 스포츠 분야에서 우리에게 길을 제시하는 것은 '과정'이다.

핵심은 이렇다. 자, 당신은 지금 아주 어려운 일을 해야 한다. 거기에 초점을 맞추지 마라. 그 대신 그것을 여러 조각으로 잘게 나누어라. 그 중에서 지금 당장 해야 할 일을 하라. 이왕이면 잘. 그리고 나서 다음으로 넘어가라. 과정을 쫓아갈 뿐, 절대 상을 노리지 마라.

연속 우승이라는 것도 결국 하나의 여정일 뿐이다. 팀을 재건해야 할 때도, 혹은 극적인 반전이 필요한 경기에서도 우리는 그 여정을 한 걸음 한 걸음 밟아 올라가야 한다. 탁월함이란 단계의 문제다. 이번 단계에서 탁월한 성과를 거두고 다음 단계로, 또 그 다음 단계로 넘어간다. 세이번이 말하는 과정은 이게 전부다. 현실에 충실하고, 한 번에 하나의 단계를 넘어서는 데에만 몰두할 뿐 다른 무엇 때문에 집중력이 흩어지면 안 된다. 상대방에게, 점수판에, 관중들에게 신경을 쓸 필요가 없다.

과정이란 마무리의 문제다. 경기를 마무리한다. 연습을 마무리한다. 비디오 분석을 마무리한다. 드라이브를 마무리한다. 반복 훈련을 마무리한다. 수비 훈련을 마무리한다. 지금 당장 코앞에 닥친 가장 작은 임무를 마무리하되, '잘' 마무리한다.

성공의 정점을 향해 달려갈 때도, 끔찍한 시련에서 살아남으려 발버둥 칠 때도 똑같은 접근이 필요하다. 끝을 생각하지 말고 살아남는 일을 생각하라. 밥을 먹을 때마다, 휴식을 취할 때마다, 일당을 받을 때마다, 하루하루를 살아갈 때마다 그 점을 명심하라.

여기에 익숙해지면 아무리 힘든 일도 무난히 돌파해낼 수 있게 된다. 과정은 긴장을 풀어준다. 거기에 몰두하면 패닉에 빠질 필요가 없다. 태산처럼 큰 임무라 해도 결국은 조그만 조각들이 모인 것일 뿐이다.

19세기 기상학의 선구자로 유명한 제임스 폴라드 에스피(James Pollard Espy)는 젊은 시절의 우연한 만남을 통해 이 점을 몸소 입증했다. 열여덟 살 때까지 글을 읽지도, 쓰지도 못했던 에스피는 우연히 유명한 연설가 헨리 클레이(Henry Clay)의 강연에 참석하게 된다. 강연이 끝나고 완전히 매료된 에스피는 클레이를 향해 다가가려 했지만, 차마 입이 떨어지지 않았다. 그러자 그의 친구가 대신 소리쳤다. "이 친구는 글도 읽을 줄 모르지만, 선생님처럼 되고 싶어 합니다."

클레이는 자신의 강연을 알리는 포스터를 집어 들었다. 거기에는 그의 이름이 큼직한 글자로 쓰여 있었다. 그가 에스피를 바라보며 말했다. "이거 보이지?" 그는 자기 이름의 알파벳 하나를 가리켰다. "이게 A야. 자, 이제 너는 스물다섯 글자만 더 익히면 돼."

이렇게 해서 에스피는 과정의 은혜를 입었다. 그로부터 채 1년이 지나지 않아 그는 대학생이 되었다.

"행복은 작은 단계들이 모여 이루어진다." 스토아 철학의 창시자 제논의 말이다. "그러나 그것은 절대 작지 않다."

어려운 임무가 주어졌을 때, 어쩔 줄 몰라 우왕좌왕하며 허둥거릴 필요가 없다. 복잡한 대수 방정식을 처음 접하는 순간을 떠올려보라. 처음에는 그저 암호 같은 기호들이 아무렇게나 나열된 것처럼 보인다. 하지만 이내 당신은 호흡을 한 번 가다듬고 천천히 방정식을 풀기 시작한다. 변수들을 가려내고 그 값을 구하고 나면, 남는 것이 바로 답이다.

지금 당신이 마주한 장애물이 무엇이건 간에, 그렇게만 하면 된다. 호흡을 가다듬고 당장 시급하게 해결해야 할 과제에 집중하라. 그 과정 속에 다음 행동으로 이어지는 단서가 숨어 있다. 모든 것은 질서정연하게 서로 연결되어 있다. 행동과 관련된 한, 무질서와 산만함은 곧 죽음이다. 마음이 질서를 잃으면 코앞에 닥친 과제가 무엇인지를 제대로 파악하지 못해 미래에 대한 잡념으로 집중력을 상실한다. 과정은 곧 질서고, 그것이 우리의 인식과 행동을 궤도 안으로 붙잡아준다.

너무나 뻔한 이야기 같지만, 가장 결정적인 순간에 이것을 잊어버리는 경우가 많다.

만약 지금 누군가 당신에게 강편치를 날려 땅바닥에 쓰러뜨린 뒤 가슴에 올라타고 짓누르면, 당신은 어떻게 하겠는가? 아마 패닉에 사로잡힐 것이다. 그래서 있는 힘을 다해 상대를 밀쳐내려고 몸부림칠 것이다. 하지만 그렇게는 되지 않는다. 상대는 체중을 이용해 별로 힘들이지 않고 당신의 어깨를 바닥에 찍어 누른 자세를 유지할 수 있다. 그 사이에 당신은 몸부림을 치느라 점점 기력이 소진될 것이다.

이것은 과정의 정반대다.

그것보다 훨씬 쉬운 방법이 있다. 일단 패닉에 빠지지 말고 에너지를 모아야 한다. 아무 생각 없이 무작정 버둥거려서 어떻게든 빠져나오려고 하는 멍청한 짓을 해서는 안 된다. 오히려 상황을 더욱 악화시키지 않도록 집중해야 한다. 그런 다음 두 팔로 상대를 밀어 올려 숨 쉴 공간을 확보한다. 이어서 몸을 옆으로 돌리면 절반은 성공한 것이나 다름없다. 상대의 팔이나 다리를 붙잡고 자신의 엉덩이를 든 뒤, 무릎을 끼워 넣어 밀어내면 된다.

시간은 좀 걸리겠지만 결국은 빠져나올 수 있다. 한 단계 한 단계 상대방을 조금씩 밀어 올리다 보면 어느 순간 숨통이 트인다. 과정의 힘을 통해 자유를 되찾는 것이다. 덫에 걸리는 것은 운명의 문제가 아니라 위치의 문제일 뿐이다. 초인적인 힘을 발휘해 한 번에 빠져나오려고 몸부림칠 것이 아니라 작고 신중한 행동으로 조금씩 위치를 바꾸면 아무리 깊은 덫이라 해도 무난히 빠져나올 수 있다.

사업상의 강력한 경쟁자가 등장하면 우리는 그들을 무력화시킬 획기적인 신제품을 구상하느라 골머리를 싸매는데, 그 사이에 눈이 공을 놓쳐버린다. 책을 한 권 쓰거나 영화를 한 편 만들고 싶다는 꿈을 평생 키워오면서도 막상 어떻게 하면 그런 성과를 거둘 수 있을지 엄두를 내지 못하는 사람도 많다.

진짜 목표가 너무 거창해서, 혹은 우리의 능력 밖이라는 느낌 때문에 타협하거나 안주하는 경우가 얼마나 많은가? 내가 감당하기에는 너무 벅차다는 이유로, 혹은 관련된 사람들이 너무 많다는 이유로 변화를 외면하는 경우는 또 어떠한가? 좋은 아이디어나 영감을 가지고도 전혀 움직이지 못하는 경우도 많다. 엉뚱한 일에 한눈을 파느라 정작 가야 할 길을 가지 못하는 사람도 있다. 아무리 명석한 두뇌를 가지고 있어도 생각을 실행에 옮기지 못하면 소용이 없다. 그런 사람들이 스스로 원하는 것, 필요한 것을 손에 넣기란 너무나 힘들다.

　이런 문제들은 모두 해결이 가능하다. 과정의 힘을 이용하면 된다. 흔히 모든 일을 한꺼번에 처리해야 한다는 잘못된 생각 때문에 지레 포기해버리는 경우가 많다. A에서 Z까지가 있다고 할 때, A를 걱정하고 Z에 집착하느라 B에서 Y까지를 까마득히 잊어버린다.

　우리는 목표를 세우려 하고, 모든 것이 그 목표에 부합되기를 원한다. 자신이 무엇을 하고자 하는지 분명히 알고 있으면 장애물은 훨씬 작고 만만해 보인다. 그렇지 않은 경우에는 도저히 극복할 수 없을 만큼 거대해 보인다. 목표를 세워두면 장애물을 관리하기가 한결 수월해진다.

　집중력이 떨어져 엉뚱한 일에 관심을 쏟기 시작할 때도 과정을 중시하는 마음가짐은 큰 위력을 발휘한다. 머릿속에서 내가 누구인지, 무엇을 하고자 하는지 정확하게 알고 있는 현자의 목소리를 들을 수 있다. 그랜트 장군은 와일더니스 전투에서 로버트 리 장군의 계략에 넘어가 패전을 거듭했을 때, 또다시 질까 봐 두려움에 사로잡힌 장군들을 독려하며 이렇게 말했다. "아, 리 장군이 또 무슨무슨 짓을 할 거라는 얘기는 하도 들어서 지겨워 죽겠군. 자네들은 이제 각자 위치로 돌아가, 그 자가 뭘 할 것인지가 아니라 우리가 뭘 할 것인지 고민해보게."

과정은 책임과 권한을 잊지 말라고 촉구하는 목소리다. 그것은 아주 작게라도 행동을 시작하도록 우리를 자극한다.

정교한 기계처럼, 다가오는 모든 저항을 조금씩 정복하라. 한 번에 한 걸음씩, 꾸준히 전진하라. 과정에 온 힘을 기울이라. 두려움을 과정으로 대체하라. 과정에 의존하고, 과정에 기대고, 과정을 신뢰하라. 서두르지 말고 충분한 시간을 투자하라. 더러는 다른 것들보다 더 어려운 문제도 있다. 당장 눈앞에 닥친 문제를 먼저 해결하라. 나머지는 그 다음에 해결하면 된다. 해결하지 못할 문제는 없다.

과정은 지금 이 순간에 맞는 일을 제대로 하는 것이다. 나중에 일어날 일들, 결과물, 그림 전체에 대해서는 걱정할 필요가 없다.

맡겨진 일은 제대로 해내라

당신이 누구인지 자신에게 먼저 말한 뒤, 해야 할 것을 하라.
- 에픽테투스 -

앤드루 존슨(Andrew Johnson) 대통령은 정치에 입문하기 전에 재단사로 일했던 자신의 과거를 자랑스럽게 이야기하곤 했다. "내가 만든 옷은 절대 뜯어지거나 망가지지 않았습니다." 선거 운동이 한창이던 무렵, 어떤 사람이 그의 출신 배경을 조롱한 적이 있다. 존슨은 조금도 기죽지 않고 당당하게 대답했다. "나한테는 조금도 부끄러울 게 없는 일입니다. 그 시절, 나는 옷을 잘 만들고 고객과의 약속을 한 번도 어긴 적이 없는 훌륭한 재단사라는 평판을 들었으니까요."

또 한 명의 미국 대통령인 제임스 가필드(James Garfield)는 대학생 시절, 등록금을 내는 대신 수위로 일하게 해달라고 학교 측을 설득했다.

그는 창피해 하기는커녕 매일 웃는 얼굴로 성실하게 자신의 임무를 수행했다. 아침마다 수업 시작을 알리는 종을 울린 뒤—그의 하루는 그보다 훨씬 일찍 시작되었다— 더없이 쾌활한 모습으로 강의실로 달려가곤 했다. 그는 대학에 입학한 지 불과 1년 만에 교수가 되어 다른 학생들을 가르치며 자신도 공부를 계속했다. 스물여섯 번째 생일을 맞았을 무렵에는 이미 학장이라는 직함을 달고 있었다.

이들이 가난을 딛고 대통령이라는 자리에까지 오를 수 있었던 것은 자신에게 주어진 일을 훌륭하게, 또한 강한 자부심을 가지고 해냈기 때문이다. 그 일만큼은 다른 누구보다 잘할 수 있었다. 사실 그것은 그 일을 하고 싶어 하는 사람들이 아무도 없었기 때문이기도 했다.

이따금 우리가 가고자 하는 길, 우리가 오르고자 하는 자리에 이르기 위해서는 그다지 내키지 않는 일을 해야 하는 경우도 있다. 사회에 첫발을 내디딜 때는 앤드루 카네기의 유명한 표현처럼 '빗자루한테 인사하는 일'부터 시작해야 하는 사람들도 많다. 청소는 조금도 부끄러운 일이 아니다. 오히려 새로운 깨달음과 발전의 기회다.

하지만 미래를 생각하느라 분주한 사람들은 지금 현재 자신에게 주어진 일에 자부심을 갖지 못하는 경우가 많다. 전화통이나 붙잡고 시간을 때운 대가로 월급을 받고, 좀 더 나은 인생에 대한 공상을 즐긴다. 혹은 이렇게 생각한다. '이건 그저 직업일 뿐이야. 이 일이 나를 규정하지는 않아. 어찌 되건 상관없어.'

정말 어리석은 생각이다.

남들이 어떻게 생각하는지는 아무런 문제가 되지 않지만, 우리가 어떻게 생각하는지는 문제가 된다. 돈을 벌려고 아이스티를 만드는 일이든, 사법고시를 준비하는 일이든, 승리가 확정된 경기의 마지막 타석에 들어설 때든, 간단한 연설을 준비할 때든 다 마찬가지다. 모든 일은 우리가 가진 최선을 다해볼 기회다. 혹시 내가 이렇게 하찮은 일을 할 사람이 아니라고 생각하는 사람이라면, 세상에 그렇게 어리석은 사람도 없다.

언제 어디서 무슨 일을 하든 어디를 향해 가든, 우리에게는 맡은 일을 제대로 처리할 책임이 있다. 그것이 이 세상에 태어난 우리가 짊어져야 할 가장 기본적인 책임이다. 말보다 행동을 앞세울 때 허영은 무너진다.

어떤 화가가 평생을 살아갈 때, 그 사람에게는 여러 가지 캔버스가 주어진다. 그 하나하나를 소중하게 여기고 최선을 다해야 한다. 영광스러운 작업이든 아니든, 대가가 크건 작건 그런 것은 문제가 되지 않는다. 모든 작업 하나하나가 다 소중하기 때문에 모든 작품에 자신이 가진 능력을 온전히 쏟아부어야 한다.

화가뿐만이 아니다. 사람은 누구나 살아가면서 여러 가지 일을 하게 된다. 번듯한 일도 있고 귀찮은 일도 있지만, 대충 하고 넘어가도 되는 일은 없다. 모든 일을 다음과 같은 세 가지 마음가짐으로 대해야 한다.

● 근면

- 정직
- 최선을 다해 남을 돕는 마음

'내가 지금 뭘 해야 하는 거지?' 이런 질문은 고민해볼 가치도 없다. 이미 답을 알고 있기 때문이다. 해야 할 일을 하면 된다. 최선을 다해. 세간의 인정, 보수, 성공 여부는 문제가 되지 않는다. 어떤 장애물이 가로막아도 앞의 세 가지 마음가짐을 잊어서는 안 된다.

주어진 책임을 다하지 못하도록 방해하는 장애물은 존재하지 않는다. 정도의 차이는 있겠지만 도저히 해결할 수 없는 장애물은 없다. 모든 임무에 최선을 다해야 한다. 파산의 위기, 성난 고객을 마주할 때, 돈을 갈퀴로 긁어모으려 할 때, 혹은 또 다른 성장의 동력을 모색할 때도, 최선을 다하기만 하면 올바른 길을 선택했다는 자신감과 자부심을 느낄 수 있다. 무엇이 되었건, 자신의 일을 완수했다는 것이 중요하다.

그렇다. '책임'이라는 단어는 상당히 거북하고 부담스럽게 다가온다. 우리는 누구나 하고 싶은 일을 할 수 있기를 원한다. 하지만 임무란 아름다운 일이고, 우리에게 영감과 권한을 부여한다는 점도 잊어서는 안 된다.

스티브 잡스는 사용자들이 평생 들여다볼 일이 없는 제품의 내부까지도 최대한 아름답게 디자인하는 일에 세심한 배려를 기울였다. 벽에 딱 붙어서 사람들 눈에 뜨일 일이 없는 캐비닛의 뒷면까지 완벽하게 마무리하려고 애썼던 아버지에게서 장인 정신을 배운 덕이다. 디자인과 관련한 난관이 닥칠 때마다 잡스가 제일 먼저 생각한 것은 장인 정신을 존중하고 최대한 아름다움을 살리는 일이었다. 마르쿠스 아우렐리우스의 『명상록』은 문장 하나하나, 비유 하나하나가 완벽한 아름다운 문학 작품이다. 자신의 모국어가 아닌, 철학의 언어로 여겨지던 그리스어로 쓴 글인데도 흠잡을 데가 없다. 심지어 오로지 자기 혼자 읽을 생각으로 쓰면서도 심혈을 기울였다. 『명상록』은 출판하려고 쓴 글이 아니라 사적인 일기 같은 글이었다.

물론 모든 상황은 각기 다르다. 우리가 차세대 아이패드나 아이폰을 개발할 일은 없겠지만, 우리는 누구나 누군가를 위한 무언가를 만들고 있다. 설령 그것이 본인의 이력서라 할지라도 말이다. 아무도 봐주지 않는 일, 가능하면 피하거나 도망치고 싶은 일을 마주할 때마다 잡스처럼 자부심을 가지고 헌신적인 노력을 기울여보자.

뛰어난 심리학자이자 죽음의 수용소를 세 군데나 전전하고도 끝내 살아남은 빅토르 프랑클은 삶의 의미를 묻는 유서 깊은 질문과 마주쳤다. 얼핏 보면 누군가 다른 사람이 우리에게 이 질문의 답을 제시할 책임이 있을 것 같지만, 사실 세상은 우리 모두에게 이 질문을 던지고 있다. 행동으로 이 질문에 답하는 것이 우리의 임무인 셈이다. 삶은 시시각각 우리에게 질문을 던지고, 우리의 행동은 그 질문에 대한 대답이다. 어떤 일을 진지하고 성실하게 잘해내고자 할 때, '이 일은 중요하다. 나는 중요하다'라는 말을 되뇌어야 한다. 삶은 의미로 가득하다.

그것이 모든 장애물을 기회로 바꿔놓는 방법이자, 열악한 상황을 무릅쓰고 위대한 일을 해낼 기회이다. 만약 이런 일이 부담으로 느껴진다면 당신은 잘못된 길을 바라보고 있는 셈이다. 우리가 해야 할 일은 이세 가지 조그만 임무, 즉 근면과 정직, 그리고 자기 자신과 남을 돕는일에 최선을 다하는 것뿐이기 때문이다. 우리에게 요구되는 것은 그것이 전부다. 그 이상도, 이하도 아니다.

물론 목표는 중요하다. 하지만 우리에게 벌어지는 각각의 사건 역시중요하다는 점을 잊지 말자. 그 하나하나는 전체의 스냅 사진이다. 전체는 확실하지 않지만, 각각의 사례는 더없이 확실하다.

어떤 일을 어떻게 하느냐에 모든 일을 할 수 있는 방법이 담겨 있다.그리고 당신은 언제나 올바른 행동을 할 수 있다.

통하는 방법을 찾으라

오이가 쓰다면 뱉어라.
가는 길에 가시나무가 있다면 돌아가라.
그것이면 충분하다.
- 마르쿠스 아우렐리우스 -

1915년, 남미의 어느 깊은 밀림에서 서로 경쟁 관계에 있는 미국의 두 과일 회사가 정면충돌을 일으켰다. 두 회사 모두 엄청난 가치를 지닌 20여 제곱킬로미터의 땅을 사들이기 위해 혈안이 되어 있었다. 문제는 그 땅의 소유권을 주장하는 현지인이 두 명이라는 점이었다. 온두라스와 과테말라 사이에 위치한 이 땅의 적법한 소유자가 누구인지 확실하지 않아, 도대체 누구에게 땅을 사야 할지 알 수가 없었던 것이다.

이 문제에 대처하는 두 회사의 접근 방법을 보면 각각의 기업 정신이 극명하게 드러난다. 한 회사는 규모도 크고 막강한 힘을 가지고 있었고, 다른 한 회사는 아주 교묘하고 영리했다. 전자는 미국에서 가장 영향력이 큰 유나이티드 프루트(United Fruit)라는 회사였고, 후자는 새뮤얼 제머레이(Samuel Zemurray)가 소유한 조그만 신흥 기업이었다.

유나이티드 프루트는 문제 해결을 위해 권한이 막강한 변호사들을 파견했다. 그들은 모든 자료와 서류를 샅샅이 뒤지며 적법한 소유권자를 찾기 시작했다. 얼마나 많은 돈과 시간, 자원이 소요될 것인가는 그들의 고려 대상이 아니었다.

그에 비해 학벌도, 영향력도 신통치 않은 제머레이는 경쟁 상대가 되지 않는 것처럼 보였다. 그는 상대방이 벌여놓은 판에 뛰어들 처지가 아니었다. 굳이 그럴 필요도 없었다. 아주 유연하고 도전적인 성격의 그는 소유권을 주장하는 두 사람을 따로따로 만나 문제의 땅을 따로따로 사들였다. 물론 비용은 두 배가 들었지만, 그것으로 게임은 끝나버렸다. 규정에 얽매이기보다는 실제로 문제를 해결하는 쪽을 우선시한 결과였다.

이것이야말로 실용주의의 표본이다. 잘잘못을 따지는 데 연연하기보다는 일을 제대로 처리하는 쪽이 우선이다.

제머레이가 장애물을 극복하는 방식이 그랬다. 그는 우틸라 강을 가로지르는 다리를 건설하고 싶었지만, 경쟁 업체에서 뇌물을 받은 공무원들이 허가를 내주지 않았다. 그러자 그는 기술자들을 동원해 강 양쪽에서 강 한복판으로 향하는 기다란 제방을 두 개 만들었다. 그러고는 불과 몇 시간이면 조립해서 연결할 수 있는 임시 가교를 설치했다. 강을 사이에 두고 양편으로 각자 반대 방향으로 달리는 철도가 부설되어 있었다. 유나이티드 프루트에서 항의를 하자, 제머레이는 웃음을 지으며 이렇게 대답했다. "저런, 저건 다리가 아닙니다. 그냥 낡은 제방일 뿐이에요."

우리도 때로는 이런 식으로 일을 처리할 때가 있다. 때로는 또 다른 방식에 의존하기도 한다. 학교에서 배운 전략을 그대로 대입하지 말고 각각의 상황에 맞게 응용해야 한다. 어떻게든 확실하게 통하는 방법을 찾아내야 한다.

우리는 일을 어떤 식으로 처리할 것인지, 어떤 규칙을 적용할 것인지를 고민하느라 많은 시간을 보낸다. 모든 일에 완벽을 기한다. 조건이 맞아떨어지면, 혹은 확실한 믿음이 생기면 일을 시작하겠다고 다짐한다. 그러나 사실은 지금 우리가 가지고 있는 자산에 초점을 맞추는 것이 더 유리하다. 근사한 방법보다는 결론에 초점을 맞추어야 한다는 것이다.

제머레이는 자신에게 주어진 임무, 그 자체에서 한 번도 눈을 떼지 않았다. 그의 주된 임무는 바나나가 강을 건널 수 있게 만드는 일이었다. 강에 다리를 놓건 제방을 길게 쌓아 가교를 설치하건, 바나나를 강 건너편으로 실어 보낼 수만 있으면 그런 것은 아무런 문제도 되지 않는다고 보았다. 어떤 농장에서 바나나를 재배하겠다는 계획을 세웠을 때는 그 땅의 적법한 소유자를 찾아내는 일이 중요한 게 아니라 적법한 소유자를 만들어내는 일이 중요하다고 판단했다.

브라질의 주짓수라는 무술에서는 상대를 어떻게 쓰러뜨리느냐가 아니라 어떻게 이기느냐가 중요하다. 물론 현실은 그렇게 단순하지만은 않다. 법과 윤리가 우리의 일상생활을 규제하듯이 주짓수에도 지켜야 할 규칙이 있다. 제머레이는 나이가 들고 성공을 거듭하면서 이 부분을 간과하는 바람에 승리에 오점을 남겼다.

우리에게도 각자 주어진 사명이 있다. 그 사명을 완수하는 과정에서 우리의 바람과 현실이 서로 맞아떨어지지 않아 궁지에 몰리기도 한다. 우리 나름의 정글에서 낡아빠지거나 부당한 규제를 이겨내고 우리보다 훨씬 많은 자원을 가진 경쟁자와 맞서 싸운다. 얼마나 멀리까지 가기를 원하는가? 그러기 위해 기꺼이 감수할 수 있는 일은 어디까지인가?

불평은 그만두자. 쓸데없는 입방아를 찧을 필요도 없다. 무력감이나 공포에 굴복해서도 안 된다. 집에서 기다리고 있을 엄마에게 달려갈 수도 없다. 어떻게 해야 이 문제를 해결할 수 있을까? 우리의 발목을 붙잡는 규정을 피해갈 방법은 없을까?

어쩌면 약간의 부담감이 느껴질 정도로 계략을 짜내야 할지도 모른다. 때로는 시대에 뒤떨어진 규제를 무시해야 할 때도 있고, 퇴짜를 맞을 것이 뻔한 허락을 구하기보다 일단 일을 저질러놓고 나중에 용서를 구해야 할 때도 있다. 그러나 중요한 사명이 떨어지면 어떻게 해서든 그 사명을 완수하는 것이 관건이다.

스물한 살 시절의 리처드 라이트(Richard Wright)는 아직 세계적으로 유명한 문필가가 되기 전이었다. 이 가난한 흑인 청년은 무슨 일이 있어도 책을 읽어야겠다고 마음먹었다. 그렇다고 당장 도서관으로 박차고 들어가 닥치는 대로 책을 읽을 수 있었을까? 천만에. 흑인 차별이 기승을 부리던 남부에서, 어림도 없는 일이었다. 그 대신 그는 쪽지를 한 장 썼다. "친애하는 여사님, 이 검둥이 소년을 통해 H. L. 멘켄의 책을 몇 권 보내주시겠어요?" 라이트는 사서에게 이 쪽지를 보여주고는 훔친 도서관 카드로 다른 사람의 심부름을 온 척하고 책을 대출했다.

실용주의는 유연성이라는 측면에서도 현실주의와 많이 다르다. A에서 B까지 가는 데는 여러 가지 길이 있다. 모든 길이 반드시 직선일 필요도 없다. 가야 할 곳으로 데려다주기만 하면 된다. 하지만 완벽한 해결책을 찾기 위해 필요 이상으로 시간을 낭비하는 사람들이 너무 많다. 덩샤오핑은 이렇게 말한 적이 있다.

"고양이가 검은색이든 흰색이든, 쥐만 잘 잡으면 상관없다."

스토아 학파도 비슷한 명언을 남겼다.

"플라톤의 '공화국'을 기대하지 말라."

그런 식의 완벽함을 찾기란 현실적으로 불가능하기 때문이다. 그 대신 주어진 여건 속에서 최선을 다하면 된다. 실용주의는 본질적으로 이상주의와 대립하는 것이 아니다. 최초의 아이폰은 충분히 혁신적이었지만, 당시 애플이 마음만 먹으면 얼마든지 장착할 수 있었던 몇 가지 기능은 추가되지 않았다. 완벽주의자로 알려진 스티브 잡스는 어느 시점에선가 소비자들이 타협을 해야 한다는 사실을 알고 있었다. 중요한 것은 해야 할 일을 제대로 완수하는 것이다.

급진적인 실용주의자의 사고방식을 시도해볼 필요가 있다. 야심차고 공격적이며 이상에 뿌리를 두면서도, 당장 시급히 해결해야 할 현실적인 문제에 초점을 맞추고 항상 가능성을 염두에 두어야 한다. 원하는 모든 것을 가지려고, 혹은 지금 당장 세상을 바꾸려고 욕심을 부릴 필요는 없지만, 필요한 것은 모두 손에 넣겠다는 야심 정도는 가져야 한다. 사고의 폭을 좁히지 말고, 그 대신 필수적인 것과 여분의 것을 잘 구분해야 한다.

완벽이 아니라, 발전을 생각하라.

이런 성격의 힘이 가해지면 장애물은 와해되기 시작한다. 버틸 재간이 없다. 우리가 장애물을 있으나 마나 한 존재로 만들어버리면 그것이 무슨 수로 저항을 하겠는가.

정공법만이 능사가 아니다

보이지 않는 것을 추구하지 못하는 자는 아무것도 볼 수 없다.
알려진 길은 막다른 골목이기 때문이다.

- 헤라클리투스 -

미국 역사에서 조지 워싱턴(George Washington)의 이미지는 세상 만물을 발아래로 내려다보는 포악한 점령자, 영국군을 무찌르는 용감무쌍한 장군으로 고정되어 있다. 그러나 실제로는 그렇게 화려하기만 한 인물은 아니다. 완벽한 게릴라라고 할 수는 없지만 비교적 그에 가깝다고 해도 과언이 아닐 정도다. 워싱턴은 굉장히 치밀한 지략가여서, 쉽사리 전투에 뛰어들지 않는 경우가 많았다.

그가 이끄는 병력은 규모가 작고 훈련이나 보급 물자도 충분하지 않아서 막강한 전력과는 거리가 멀었다. 그가 지휘한 대부분의 전투는 방어전이었고, 많은 병력이 밀집된 영국군과의 정면 대결은 교묘하게 피해갔다. 좋게 말해서 그의 작전은 아군보다 강하고 규모도 큰 적군의 허점을 치고 빠지는 전략이 대부분을 차지했다.

위싱턴은 부하들에게 눈에 훤히 보이는 공격은 꿈도 꾸지 말라고 강조했다. 누구나 예측할 수 있는 공격을 감행할 것이 아니라, 상대방이 별로 위험하지 않다고 생각하고 방심한 틈을 노려야 성공할 확률이 높아진다는 논리였다. 그는 소규모 국지전임에도 엄청난 대승을 거둔 것처럼 느껴지는 전투를 찾아내는 동물적인 감각의 소유자였다.

그가 거둔 가장 영광스러운 승리는 영국군과의 직접 대결이 아니었다. 절체절명의 위기에 처한 순간, 그는 성탄절 새벽에 델라웨어를 가로질러 (아마도 술에 취해) 잠든 독일 용병을 기습했다.

실제로 조지 위싱턴은 진격보다 퇴각에 능한 장군이었다. 궤멸할 위기에 빠진 군대를 구해내는 것이 그의 주특기였다. 항상 빠져나갈 구멍을 마련해두었기 때문에 좀처럼 함정에 빠지는 법도 없었다. 적을 피곤하게 만드는 이 교묘한 전략은 비록 화려함과는 거리가 멀다 할지라도 대단히 강력한 무기임에 틀림없었다.

영국군에 맞서는 대륙군(Continental Army)의 장군이자 미국의 초대 대통령 자리에까지 오른 조지 위싱턴의 유산에 약간의 분칠과 각색이 더해진 것은 그리 놀라운 일도 아니다. 또 그런 인물이 위싱턴 하나만 있는 것도 아니다. 수많은 영화와 소설, 그리고 국민들의 무지에 의해 고착된 신화를 보면, 강력한 두 군대가 정면 대결을 벌여 승패가 가려지는 전쟁이 대부분이다. 대단히 극적이고 짜릿하기는 하지만, 사실과는 거리가 먼 얘기들이다.

뛰어난 전략가이자 역사학자인 B. H. 리델 하트(B. H. Liddell Hart)가
고대에서 현대까지 280건이 넘는 군사 작전으로 이루어진 30여 건의
전쟁을 분석한 결과는 아주 흥미롭다. 그 모든 군사 작전 가운데 적군
의 주력 부대를 정면으로 공격해 결정적인 승리를 이끌어낸 사례는 불
과 여섯 건밖에 되지 않는다는 것이다. 달랑 여섯 건이라면 전체 280
건의 2퍼센트에 불과하다. 정정당당한 정면 대결이 아니라면, 도대체
어디서 승패가 갈라지는 것일까?

정면 대결을 제외한 나머지 전부라고 보면 된다. 측면 공격, 예측을
뒤엎는 기습 작전, 심리전, 적을 방어선에서 끌어내는 전술, 그 밖의 모
든 비전통적인 작전이 여기에 포함된다.

하트는 자신의 명저『전략(Strategy)』에서 이렇게 썼다.

훌륭한 지휘관이라면 위험천만의 간접적인 접근도 마다하지 않을
것이다. 꼭 필요하다면 극소수의 병력만을 이끌고 산악이나 사막,
습지를 가로지를 수도 있을 것이며, 심지어는 교신 두절도 마다하
지 않을 것이다. 정면 공격 때문에 처할 수도 있는 교착 상태의 위험
을 감수하기보다는, 차라리 온갖 악조건을 무릅쓰는 쪽이 낫다.

이성이 마비될 정도로 잔뜩 긴장해, 보는 사람마다 그러다가 당장이
라도 핏줄이 터질 것처럼 보인다고 걱정하는 경우라면, 한 발 물러서서

자신이 처한 문제를 우회하는 쪽이 낫다. 지원 세력을 찾아보든지, 이른바 '최소 예상선(line of least expectation)'이라 불리는 접근 방법을 모색해보라. 아무도 예상 못하는 일. 모두가 불가능하다고 여기는 일. 겁이 나서 아무도 시도하지 못하는 일. 당신만 할 수 있는 일.

심각한 도전에 직면했을 때, 당신이 제일 먼저 느끼는 본능은 무엇인가? 돈으로 경쟁자를 누르고 싶은가? 사람들의 뿌리 깊은 인식을 바꾸기 위해 논쟁을 벌일 텐가? 정문을 부수고 들어갈 텐가? 뒷문과 옆문, 창문까지 활짝 열려 있는데?

어떤 쪽을 선택하든 물리학이나 논리학의 법칙에 도전하는 계획을 세웠다면 (설령 불가능하지는 않다 해도) 상당한 어려움이 따를 것이다. 그보다는 빅스버그를 점령하기 위해 곧장 목표물로 돌진하지 않고 우회로를 선택한 그랜트 장군을 상기하도록 하자. 명예의 전당에 헌액된 필 잭슨(Phil Jackson) 감독의 삼각 공격을 응용하는 것은 어떨까? 농구 경기에서 상대방을 직접 공격하지 않고 자동적으로 수비진의 압박으로부터 공이 빠져나오도록 하는 것이 잭슨 감독의 작전이다.

우리는 맨주먹으로 출발한 반면, 상대방은 오랜 시간 동안 손발을 맞추며 방어선을 구축한 유명 선수들이라면, 우리가 정면 대결을 통해 그들을 물리칠 가능성은 거의 없다고 봐야 한다. 따라서 그런 시도는 일찌감치 포기하고 한정된 자원을 다른 곳에 집중하는 편이 낫다.

뛰어난 고수들이 전혀 힘을 들이지 않는 것 같은데도 놀라운 기술을 선보일 수 있는 이유는 단지 과정을 완전히 몸에 익혔기 때문만은 아니다. 실제로 그들은 보통 사람들보다 훨씬 적은 힘을 들인다. 쓸데없이 몸에 힘이 잔뜩 들어가 몸부림을 치는 대신, 가장 효과적으로 힘을 발산할 수 있도록 철저한 계산에 따라 움직이기 때문이다.

유도의 창시자로 알려진 가노 지고로(嘉納 治五郞)는 신장이 150센티미터밖에 되지 않았지만, 그를 상대해본 어떤 사람은 이런 표현을 남겼다. "마치 아무것도 없는 빈 도복을 붙잡고 씨름하는 기분이었다."

당신도 그렇게 될 수 있다.

수적 열세라거나, 등 뒤에서 기습을 당했다거나, 자금이 부족하다거나, 이런 것들이 핑계거리가 되어서는 안 된다. 오히려 이런 요소들은 선물이 될 수도 있다. 불리한 상황에서 정면 돌파를 시도하는 무모한 자살 행위를 막아주는 자산이기 때문이다. 그래서 더욱 창의력을 발휘할 수 있고, 차선책을 도모할 수 있으며, 자존심을 누르고 상대방의 집중타를 피해가는 슬기를 발휘할 수 있다. 이런 것들이 측면 공격의 중요함을 일깨워주는 요소들이다.

사실 규모나 힘의 우위에서 오히려 치명적인 약점이 잉태되는 경우가 많다. 성공의 관성 때문에 좋은 기술을 연마하기가 더 힘들어지기에 그렇다. 규모의 우위를 점한 사람이나 기업은 과정의 중요성을 터득할 필요가 없다. 그러지 않고서도 충분히 통하기 때문이다. 그러나 문제는 그런 상황이 영원히 지속되지는 않는다는 점이다. 그들은 자신이 익숙한 조건, 즉 정면 대결을 교묘하게 피해가며 허점을 노리는 상대를 만나면 크게 고전할 가능성이 많다.

우리는 지금 작은 것이 큰 것에 대항하는 게임을 하고 있다. 이런 게임에서 힘 대 힘으로 맞서서는 승산이 없다. 누군가 나를 밀치면 나도 맞받아 밀어내는 것이 자연스러운 본능이다. 하지만 무예인들은 이런 본능을 외면해야 한다고 가르친다. 힘으로 밀어붙이기보다는 오히려 상대를 끌어당겨 균형을 무너뜨려야 한다. 공격은 그 다음에 시작해도 늦지 않다. 이른바 옆문 전략은 다양한 창의성의 공간을 열어준다.

위대한 철학자 쇠렌 키르케고르(Søren Kierkegaard)는 권위를 내세워 사람들을 설득하려는 시도를 거의 하지 않았다. 강연보다는 이른바 '간접 소통(indirect communication)'이라는 방법을 즐겨 구사했다. 그가 익명으로 발표한 여러 편의 글들은 서로 다른 입장과 관점을 지닌 가공의 인물들을 통해 하나의 주제를 여러 각도에서 바라보며 논점을 극적으로, 또한 감동적으로 표현한다. 그는 독자에게 '이렇게 해라', '저렇게 생각해라' 하는 말을 거의 하지 않았다. 그보다는 세상을 바라보고 이해하는 새로운 방법을 제시하는 일에 치중했다.

사람들은 대개 나름의 굳건한 입장을 오랫동안 지켜오기 마련인데, 여기에 도전장을 내밀어서는 그들을 설득할 수 없다. 그보다는 서로의 공통 분모를 찾아내 거기서 출발하는 게 바람직하다. 혹은 그들이 귀를 열 수 있는 계기를 마련하거나, 지지 세력을 광범위하게 포섭해 반대자들이 자발적으로 자신의 입장을 포기하고 당신 측에 합류하도록 유도해야 한다.

효과적인 방법이라고 해서 항상 겉으로 보기에도 화려하기만 한 것은 아니다. 때로는 지름길을 찾거나 부당한 싸움을 하고 있는 기분이 들 때도 있다. 사람의 마음을 움직이는 것은 결코 쉬운 일이 아니고, 내가 옳다고 생각하는 방법도 남들의 입장에서는 뭔가 기만적인 술수로 느껴질 수 있다. 그렇다고 죄책감에 사로잡혀 자학할 필요는 없다. 사실은 그렇지 않으니까.

당신의 행동은 진정한 전략가의 그것이다. 권력을 휘두른다고 모든 문제가 해결되지는 않는다. 전술적 우위를 고려하지 않고 자존심과 자부심만 내세운 싸움에 에너지를 낭비해서는 승산이 없다.

믿거나 말거나, 이것은 쉬운 길이 아니다. 그래서 더욱 효과적이다. 때로는 가장 멀리 돌아가는 길이 가장 가까운 길일 수도 있다는 사실을 명심하라.

상대의 에너지를 역이용하라

현명한 자는 적들을 이용한다.

- 플루타르크 -

간디는 인도의 독립을 위해 싸우지 않았다. 싸움을 한 것은 영국이고, 진 것도 영국일 뿐이다. 물론 계산된 것이기는 했다. 간디의 광범한 비폭력 불복종 운동은 '행동'이라는 단어에 여러 가지 정의가 있음을 보여준다. 앞으로 나아가는 것만이 행동이 아니다. 때로는 거점을 확보하는 것일 수도 있다.

장애물을 돌파하기 위해서는 내가 장애물을 공격할 것이 아니라 한 발 물러서서 장애물이 나를 공격하도록 유도해야 할 때가 있다. 내가 직접 행동을 취하기보다는 상대방의 행동이 그들 자신을 공격하도록 유도하는 것도 좋은 방법이다.

간디는 자신이 변화시키고자 하는 세력보다 약하다는 사실을 깨닫고 그 약점을 과장해 자기를 보잘것없는 존재로 만드는 방법에 의존했다. 지구상에서 가장 강력한 점령군을 향해 "나는 당신네 법률을 정면으로 위반하기 위해 바다로 나아가 소금을 모으겠소" 하고 말했다. 이는 '자, 우리가 잘못하는 것은 아무것도 없으니, 어떻게 할 건가?'라는, 일종의 도발이다. 이로써 영국군은 진퇴양난의 늪에 빠졌다. 파산 정책을 강요하거나 포기하거나, 둘 중에 하나를 선택할 수밖에 없게 된 것이다. 간디는 이렇게 영국군의 막강한 힘을 무력화시켰다. 힘을 사용하면 오히려 역효과가 날 수밖에 없기 때문이었다.

간디의 가르침을 이어받은 마틴 루터 킹(Martin Luther King Jr.)은 추종자들에게 '물리적 힘에 영혼의 힘'으로 맞서자고 설득했다. 다시 말해 정반대의 힘을 사용하겠다는 것이다. 폭력에는 평화로, 증오에는 사랑으로 응답하는 과정에서 상대방의 사악함이 고스란히 드러났다.

정반대의 힘은 강력한 위력을 발휘한다. 행동을 하지 않는 것도 일종의 행동이다. 다른 사람의 힘을 흡수해 우리 자신의 힘으로 활용하는 지혜를 발휘해야 한다. 상대방(혹은 장애물)이 우리가 할 일을 대신 하도록 유도해야 한다.

러시아 사람들에게 물어보라. 그들은 나폴레옹과 나치가 침략해올 때 필사적으로 국경을 지키기보다 오히려 뒤로 물러났다. 조국을 멀리 떠나와 전쟁터에 갇힌 적군을 궤멸시킨 것은 혹독한 러시아의 겨울이었다.

이것도 행동일까?

물론이다. 어쩌면 우리가 상대해야 하는 적군이나 장애물이 정말로 도저히 범접할 수 없을 만큼 강력할 수도 있다. 실제로도 그런 경우가 많다. 이럴 경우 우리에게는 정면 돌파로 위기를 헤쳐나갈 힘이 부족하고, 그렇다고 마냥 시간을 끌며 깨달음의 순간을 기다릴 수도 없다. 하지만 아직 포기하기에는 이르다. 이럴 때 우리는 아무리 사력을 다해도 물리칠 수 없는 역경도 존재한다는 사실을 인정할 수밖에 없다. 하지만 바로 그 역경을, 그 에너지를 이용하는 방법을 배워야 한다.

증기 기관이 발명되기 전, 미시시피 강을 오가는 배들은 이 강의 악명 높은 물살을 이겨내야 했다. 상류로 올라가는 배와 하류로 내려가는 배는 강둑의 나무나 바위에 밧줄을 감아 서로를 연결했다. 한 척의 배를 떠밀어 내려가는 물살의 힘이 또 한 척의 배를 상류로 끌어올리는 역할을 하는 것이다.

우리도 장애물과 맞서 싸우는 대신, 그 힘을 역이용하는 방법을 찾아야 한다.

알렉산더 대왕의 유명한 일화가 이 점을 여실히 웅변한다. 젊은 시절, 알렉산더는 부친이자 마케도니아의 국왕이던 필립 2세조차 길들이지 못한 부케팔로스라는 말을 조련했다. 다른 사람들이 완력과 채찍, 밧줄을 가지고 덤볐다가 모두 실패한 뒤, 알렉산더는 말 등에 올라 말이 지칠 때까지 끈질기게 버텼다. 이윽고 기운이 다 빠진 부케팔로스는 알렉산더의 말을 들을 수밖에 없었다. 상대의 에너지를 역이용하는 방법을 깨달은 알렉산더는 이후 20년 동안 이 충성스러운 애마를 타고 전쟁터를 누볐다.

자, 당신의 장애물은 무엇인가?

때로는 어밀리아 이어하트가 그랬듯이 과감한 행동이 필요한 경우도 있다. 그러나 또 때로는 자제력을 발휘하는 것이 최선의 행동이 될 수도 있다는 사실을 알아야 한다. 인생을 살다 보면 인내심을 가지고 일시적인 장애물이 스스로 사라지기를 기다려야 할 때가 있다. 문제가 생겼다고 대뜸 뛰어드는 게 아니라, 갈등을 일으키는 두 자아가 싸우다 지쳐서 잠잠해질 때까지 내버려두는 식이다. 간섭을 적게 하면 적게 할수록 해결이 쉬워지는 문제도 있는 법이다.

무언가를 원하는 마음이 너무나 간절하다 보면 자기 자신이 오히려 장애물로 작용하는 경우도 생긴다. 조급한 마음에 마구 나사를 돌리다가 홈이 망가져서 영원히 풀지 못하게 되는 형국이다. 진흙이나 눈밭에 빠져 자동차 바퀴가 헛돌 때, 자칫 잘못하면 더 깊은 수렁 속으로 빠져들곤 하지 않는가.

어떻게든 앞으로 나아가야 한다는 생각에 너무 몰두한 나머지 목적지로 이어지는 다른 길도 있다는 사실을 잊어서는 안 된다. 때로는 가만히 있는 것이, 심지어는 뒤로 물러서는 것이 앞으로 나아가는 최선의 방법이 된다. 이럴 때는 행동을 자제해야 한다.

우리는 흔히 승진을 하기 위해, 새 고객을 유치하기 위해, 긴급 사태를 피하기 위해 있는 힘을 다해 밀어붙인다. 사실 우리가 원하는 것을 얻는 최고의 방법은 그런 욕망을 처음부터 다시 한 번 살펴보는 것일지도 모른다. 차라리 전혀 다른 무언가를 목표로 삼거나, 난관을 기회로 삼아 새로운 방향을 개척할 수도 있다. 그런 방법을 통해 생각지도 못한 새로운 수입원이 생기는 경우도 있다. 혹은 고객을 무시할수록 더 많은 고객이 몰려든다는 사실을 깨닫게 될 수도 있다. 간절하게 매달리는 사람하고는 같이 일하고 싶은 마음이 생기지 않는 이들도 있기 때문이다. 우리가 두려워하던 재앙을 다시 생각해보면, 오히려 거기에서 수익이 발생할 수도 있다.

오로지 앞으로 나아가는 것만이 전진의, 승리의 유일한 방법이라는 생각은 옳지 않다. 때로는 가만히 있거나, 옆으로 가거나, 심지어는 뒷걸음질을 치는 것이 우리의 앞길을 가로막는 장애물을 돌파하는 최고의 방법이 될 수 있다.

이런 방법을 선택하기 위해서는 약간의 모멸감을 감수해야 한다. 내가 처음에 선택했던 방법이 뜻대로 풀리지 않는다는 사실을 받아들여야 하기 때문이다. 나에게는 '전통적인' 방법으로 밀어붙일 능력이 부족했던 것이다. 하지만 그래서 어쨌다고?

문제는 과연 목적지에 도달할 수 있느냐 없느냐이다. 또 한 가지 분명히 해야 할 점은, 장애물을 역이용하는 것과 아무것도 하지 않는 것은 전혀 다른 이야기라는 점이다. 수동적인 저항이 사실은 가장 능동적인 경우도 있다. 단, 그런 행동은 엄격한 규율과 자제력, 용기, 결단, 그리고 탁월한 전략이 뒷받침되어야 한다.

뛰어난 전략가인 솔 앨린스키(Saul Alinsky)는 "부정적인 요소를 충분히 강하게, 충분히 깊게 밀어붙이면 반대편으로 뚫고 나온다"라고 믿은 인물이었다. 모든 긍정적인 요소는 부정적인 요소를 가지고 있다. 모든 부정적인 요소 역시 긍정적인 요소를 가지고 있다. '행동'은 반대편으로 뚫고 나올 때까지 밀어붙여서 부정적인 요소를 긍정적인 요소로 바꿔놓는 힘이다.

이렇게 생각하면 마음에 큰 위로를 얻을 수 있다. 그것은 곧 너무 커서 도저히 돌파할 수 없는 장애물은 그리 많지 않다는 의미이기도 하기 때문이다. 장애물이 크다는 것이 오히려 장점이 될 수도 있다. 장애물이 크면 클수록 역이용할 여지도 많아진다. 거대한 성채는 아주 위압적이고 난공불락의 요새처럼 보이지만, 일단 포위를 당하고 나면 감옥으로 바뀌어버린다는 사실을 명심하라. 행동, 그리고 접근 방법의 변화가 그 모든 차이를 만들어낸다.

우리의 앞길을 가로막는 장애물을 역이용해 오히려 조력자로 만들 수 있다. 때로는 장애물을 변화시키기 위해 안간힘을 다하기보다 그냥 내버려두는 것이 이런 효과를 가져다줄 때도 있다.

말은 날뛰면 날뛸수록 지치기 마련이다. 경찰이 시민 불복종 운동을 거칠게 탄압하면 할수록 동조 세력은 커진다. 우리 역시 힘껏 싸우면 싸울수록 지치기만 할 뿐 얻는 것은 없는 경우도 많다.

문제를 해결하는 방법은 한 가지만이 아니다.

몸은 느슨하게, 마음은 단단하게

마음이 평화로운 사람은
시끌벅적한 군중 속에서도 호젓함을 느낀다.
− 세네카 −

테니스 선수 아서 애시(Arthur Ashe)는 이른바 '아름다운 모순'이 무엇
인지 몸소 보여준 인물이다. 그는 1950년대와 60년대의 인종 차별을
극복하기 위해, 코트에서 감정과 기분을 철저히 숨기라는 아버지의 가
르침을 그대로 실천했다. 실수를 해도 당황한 표정을 보이지 말고, 심
판의 오심이 나와도 이의를 제기하지 말라. 흑인 선수인 아서는 승리를
자축하거나 지나치게 열심히 노력하는 모습을 보여주면 안 되는 처지
였다.

하지만 정작 그가 경기를 풀어가는 방식은 그렇게 겉으로 드러나는
모습과는 사뭇 달랐다. 억눌러야 했던 모든 에너지와 감정을 더없이 대

담하고 아름다운 경기력으로 승화시킨 것이다. 얼굴 표정은 늘 굳어 있었지만 코트를 지배하는 그의 유연한 몸은 잠시도 생명력을 잃지 않았다. 그의 경기 스타일은 스스로 준비한 자신의 묘비명에 잘 나타나 있다. "몸은 느슨하게, 정신은 단단하게."

아서 애시는 이 둘의 조합을 통해 무적에 가까운 테니스 선수가 될 수 있었다. 인간으로서의 그는 감정 조절에 힘썼지만, 선수로서는 허세조차 마다하지 않을 만큼 과감하고도 이성적이었다. 공을 향해 몸을 날리며 상대방이 받아칠 엄두조차 낼 수 없는 멋진 샷을 퍼부었다. 그가 이런 경기력을 선보일 수 있었던 이유는 자유로운 인간이기 때문이다. 그는 가장 중요한 곳, 내면이 자유로운 사람이었다.

마음껏 승리를 자축할 수 있고 심판이나 상대편 선수를 노려보며 짜증을 낼 수도 있는 다른 선수들 중에서, 애시만큼 큰 경기의 중압감을 잘 다스린 이는 아무도 없었다. 그들은 종종 애시를 피도 눈물도 없는 냉혈한으로 오해했다. 물론 감정은 배출구가 필요한 법이지만, 애시는 그 감정을 연료 삼아 폭발적인 스피드와 과감한 샷을 만들어냈다. 그는 모든 것을 포기한 표정으로 경기장에 나섰지만, 그것은 그가 스스로를 다잡는 차분한 신중함과는 아무 상관도 없었다.

역경은 사람을 단단하게 만든다. 혹은 마음먹기에 따라 더욱 부드럽게, 나아가 더 나은 사람으로 만들어줄 수도 있다. 어떻게 표현하건 간에, 애시의 경우가 그랬다. 흑인 운동선수들 중에는 유난히 그런 이들이 많다. 예를 들어 권투 선수 조 루이스(Joe Louis)는 인종차별주의에 물든 백인 권투 팬들이 마음대로 감정을 표출하는 흑인 선수를 용납하지 않는다는 사실을 잘 알기에, 강철처럼 차갑고 무표정한 얼굴 뒤에 모든 감정을 철저히 숨겼다. 덕분에 '링 위의 로봇'이라는 별명을 얻은 그는, 인간이기를 포기한 듯한 표정만으로 상대방을 압도할 수 있었다. 약점을 최고의 자산으로 둔갑시킨 셈이다.

가수 테일러 스위프트(Taylor Swift)의 예를 보자. 그녀의 삶에 결정적인 영향을 미친 순간이 있었다. 과거에 발표한 앨범들의 마스터권(완성된 음악을 복제하고 판매할 권리)이 그녀가 싫어하는 회사로 넘어가버렸을 때였다. 보통 사람 같으면 발작을 일으키거나 기나긴 법정 싸움이라도 벌였을 만한 사건이었다. 그녀는 과거 앨범에 수록된 곡들을 재녹음해 새로운 디자인, 새로운 마케팅 전략을 가미한 새 노래로 발표하는 승부수를 던졌다. 이제 스위프트는 과거의 마스터권을 사들이느라 수억 달러를 투자한 사람들을 향해 여유를 부릴 수 있게 되었다. "무슨 소리예요? 이건 완전히 새로운 녹음인걸요. 제목만 봐도 알 수 있잖아요(같은 제목에 괄호를 치고 '테일러 버전'이라는 문구를 추가했다)."

이런 창의적인 대응을 통해 그녀는 본인 음악에 대한 통제권을 되찾았을 뿐 아니라 과거 앨범들의 재녹음 버전을 연달아 내놓으며 최고의 엔터테이너라는 찬사에 걸맞은 경지로 올라섰다.

우리는 누구나 크고 작은 제약 속에서 사회생활을 할 수밖에 없다. 거추장스러운 규칙과 규범을 지켜야 하고, 법률적 책임은 물론 복장 규정이나 의전 절차를 따라야 하며, 회사의 위계질서에 따라 해도 되는 행동과 해서는 안 되는 행동이 구분되기도 한다. 이런 제약들에 대한 생각이 너무 많으면 점점 부담만 커지고 숨이 막힐 것만 같다. 조심하지 않으면 이것 때문에 게임에서 쫓겨날 수도 있다.

좌절감에 굴복하지 말고 그것을 긍정적으로 활용할 수 있어야 한다. 다른 사람들이 규칙에 얽매여 꼼짝도 못하는 동안, 우리는 그것을 조금씩 파고들어 자신의 장점으로 승화시켜야 한다. 물을 생각해보라. 물은 사람이 만든 댐이라는 장애물에 갇혀 있는 동안에도 그냥 썩어가지 않는다. 엄청난 에너지를 머금고 있다가, 때가 되면 온 도시를 밝힐 발전소를 돌린다.

아이티 노예 출신으로 장군 자리에까지 오른 투생 루베르튀르(Toussaint Louverture)는 여러 차례 프랑스군을 농락해 나중에는 이런 소리까지 들었다. "이 인간은 가는 곳마다 구멍을 만든다." 말이 되는 얘기다. 그의 인생에는 온통 장애물밖에 없었기 때문에 경험의 많은 부분을 '구멍'으로 만들 수 있었다. 요동치는 정치판도, 험준한 산도, 심지어 나폴레옹이 직접 나서도 그는 흔들리지 않고 그저 해야 할 일을 할 뿐이었다.

그런데 우리는 어떤가. 발표를 위해 준비한 장비가 갑자기 작동을 하지 않으면 (침착하게 그 원수덩어리를 옆으로 밀어놓고 원고 없이 연설을 하기보다는) 패닉 상태에 빠져버린다. 여유 시간이 생기면 (키보드를 두드리며 뭔가 생산적인 메모를 작성하는 게 아니라) 동료들과 수다를 떨기에 바쁘다. 쓸데없는 행동으로 아까운 시간을 허비하는 셈이다.

기량이 뛰어난 운동선수가 별로 힘도 들이지 않고 엄청난 장애물을 가볍게 뛰어넘는 장면을 생각해보라. 크게 뒤지고 있던 점수 차가 좁혀지고, 모든 패스와 슛은 목표물에 명중하며, 피로는 눈 녹듯 사라진다. 그런 선수들의 이런저런 행동을 저지할 수는 있겠지만, 누구도 그들의 목표를 가로막지는 못한다. 외적인 요인들이 경로에 영향을 미칠 수는 있을지언정 방향을 좌우하지는 못한다. 어떤 장애물이 그토록 우아하고 유연하며 강력한 장인 정신을 가로막을 수 있을까?

육체적으로, 또한 정신적으로 느슨해지는 데에는 별다른 재능이 필요하지 않다. 그것은 그저 나태함일 뿐이다. 육체적으로, 또한 정신적으로 단단하게 조여진 상태? 그것은 흔히 조급함이라 불린다. 역시 바람직하지 않은 모습이다. 너무 단단하면 결국 부러지고 만다. 하지만 육체적인 느슨함과 정신적인 단단함이 결합된다면? 그때야말로 가장 강력한 힘이 발휘된다.

그것이 상대와 경쟁자들을 얼어붙게 만드는 힘이다. 그들은 우리가 자기네를 가지고 논다고 생각한다. 우리가 아무것도 하지 않으면서 세상을 바꿔놓는 것처럼 보일 때, 상대방은 미쳐버릴 수밖에 없다. 목표를 향한 우리의 전진에 그 어떤 외적 부담이나 한계가 없는 것처럼 보일 테니 말이다.

사실은 그렇게 보이는 게 아니라 진짜 그렇다.

아무도 기대하지 않을 때가 기회다

가장 뛰어난 사람은 기회를 기다리는 사람이 아니라
기회를 잡는 사람이다.
기회를 포착하고 정복해서 하인으로 삼는 사람이다.
– E.H. 채핀 –

2008년 봄, 버락 오바마 대통령 후보는 큰 위기를 맞았다. 그가 다니던 교회의 제레미아 라이트(Jeremiah Wright) 목사가 인종 차별 발언을 했고, 그것이 스캔들로 비화되었다. 이 일로, 그가 겨우 확보해둔 흑인과 백인 유권자 사이의 실낱같은 유대가 예비선거의 결정적인 순간에 와해될 위기에 처했다. 인종과 종교, 인구 통계를 둘러싼 논란이 하나로 얽혀버렸다. 이는 선거운동의 존립 자체를 위협하는 정치적 재앙으로, 여느 후보자 같았으면 두려움에 사로잡혀 아무런 행동도 취하지 못했을 것이다. 숨거나, 무시하거나, 당황해서 어쩔 줄 모르거나, 기껏해야 진원지에서 거리를 두려고 애쓰는 것이 통상적인 반응이다.

그러나 오바마의 대처는 그를 싫어하는 사람조차 고개를 끄덕일 수밖에 없을 만큼 인상적이었다. 오바마는 선거운동 기간에 맞이한 최악의 순간을 획기적인 기습 공격의 계기로 바꿔놓았다.

그는 주위의 만류와 관례를 모두 거부하고 행동을 취하기로 결정했고, 그 결과 최악의 상황은 '교훈적인 순간'으로 변모했다. 오바마는 논란을 둘러싼 관심과 에너지를 이용해 전 국민의 이목을 집중시킨 뒤, 인종 문제라는 골치 아픈 주제를 정면으로 건드리는 대국민 연설을 감행했다.

〈더 완벽한 통합(A More Perfect Union)〉이라는 제목으로 기록된 이 연설은 그야말로 하나의 전환점이 되었다. 오바마는 논란의 중심을 피해 가는 대신 모든 것을 직접적으로 언급했다. 그렇게 해서 이 논란이 가져올 치명적인 충격을 최소화했을 뿐 아니라 선거에서도 승기를 잡았다. 부정적인 상황이 가진 힘을 흡수함으로써 그의 선거운동은 그를 백악관으로 안내하는 에너지와 융합되었다.

인생에서 찾아오는 기회를 최대한 활용하는 것만으로 충분하다고 생각하는 사람이라면, 그는 위대한 인물이 될 수 없다. 지각이 있는 사람이라면 누구나 그렇게 할 수 있다. 우리가 해야 할 일은 주위의 모든 사람들이 재앙이라고 생각하는 사건을 어떻게 긍정적으로 활용할 것인지를 배우는 것이다.

누가 봐도 좋지 않은 상황, 아무도 기대하지 않는 순간일수록 신속하고 기발한 대응으로 커다란 승리를 이끌어낼 수 있다. 그러기 위해서는 다들 실의에 빠져 있을 때 우리는 그러지 말아야 한다. 상황 판단을 달리하고, 그에 따라 행동해야 한다.

일단 정치는 차치하고, 오바마의 자문 역할을 한 람 이매뉴얼(Rahm Emanuel)의 탁월한 전략적 조언에 초점을 맞춰보자. "심각한 위기를 낭비해서는 안 된다. 우리가 너무나 오랫동안 묻어두었던 일들이 발등의 불로 떨어졌으니, 반드시 짚고 넘어가야 한다. 위기는 평소에 하지 못했던 일을 할 수 있는 기회를 제공한다."

역사를 돌아보면, 위대한 지도자들 가운데 가장 충격적이고 부정적인 사건을 발판 삼아 평소 같으면 엄두도 내지 못했을 개혁을 밀어붙인 이들이 있다. 우리도 이런 전략을 인생에 적용할 수 있다.

우리는 언제나 계획을 세운다. 시나리오를 한 편 쓰자. 여행을 떠나자. 사업을 시작하자. 스승이 될 만한 사람을 찾아가자. 운동을 시작하자. 자, 그런데 갑자기 무슨 일이 생겼다. 실패든, 사고든, 비극이든, 계획을 방해하는 요소가 생겼다. 그것을 이용하라.

건강이 회복되기를 기다리며 침대에 누워 지내는 사람이라면, 얼마든지 글을 쓸 시간을 낼 수 있다. 마음이 너무 괴로워 감정을 다스리지 못할 지경이라면, 그 감정을 재료로 활용할 수 있다. 직장을 잃었다고? 안타까운 일이지만, 덕분에 홀가분하게 여행을 떠날 수 있다. 자녀가 사고를 쳤다고? 드디어 가슴을 터놓고 자녀에게 다가갈 기회가 생겼다. 고민이 있다고? 지금이야말로 스승을 찾아 나설 절호의 기회다. 순간을 포착해 오랫동안 머릿속에서만 맴돌던 계획을 실행에 옮기라. 연쇄 반응이 일어나려면 촉매가 필요하다. 드디어 우리에게도 촉매가 생겼다고 생각하라.

부정적인 상황이 닥치면 보통 사람들은 커다란 실패라도 경험한 듯이 잔뜩 몸을 움츠린다. 고난을 피하기 위해 안간힘을 다한다. 위대한 사람들은 오히려 그 반대다. 그들은 부정적인 상황, 그 속에서 최선을 다한다. 개인적인 비극이나 불행을 긍정적인 방향으로 활용한다.

당장 눈앞에 닥친 위기를 어떻게 하느냐고? 자학, 무력감, 좌절감의 늪에 빠진다면 당신은 그 위기를 낭비하는 것일 뿐이다. 당신은 인생이 대담한 사람을 성공시키고 용감한 사람에게 은혜를 베푼다는 사실을 잊고 있다.

우리는 기회가 주어지지 않는다고 가만히 앉아서 푸념만 늘어놓는다. 사실은 그렇지 않다.

짧은 인생을 살다 보면 커다란 시련에 직면할 때가 있다. 심각하고, 불운하고, 때로는 부당해 보이는 시련이다. 그것도 하필이면 가장 피하고 싶은 순간에 그런 시련이 찾아온다. 이런 질문을 던져보자. 과연 우리는 이 시련을 100퍼센트 부정적인 사건으로만 받아들일 것인가, 아니면 부정적인 측면을 뛰어넘어 또 한 번의 공격으로 돌아설 계기를 마련할 수 있는가? 좀 더 정확하게 표현하자면, 과연 우리는 이 '문제'가 오랫동안 기다려온 해결책을 제시해줄 수도 있다는 사실을 받아들일 것인가? 물론 모든 것은 당신에게 달려 있다.

작가 줄리아 베어드(Julia Baird)는 자신의 최저점이 어땠는지를 들려준다. 마음은 찢어질 듯 아프고, 몸은 병들고 지쳐버렸다. 때로는 자기도 모르게 "어떻게 견뎌내야 할지 모르겠어" 하고 소리치기도 했다. 혼자서는 감당할 수 없어 의료진의 도움을 받던 그는 인생을 바꿔놓을 조언을 접했다. 의사가 건넨 이 말이었다. "지금은 당신이 살아오면서 마주한 모든 것이 중요한 때입니다. 거기에 의지해야 해요. 부모, 친구, 일, 당신이 쓴 책, 지금까지 듣고 배운 모든 이야기, 이런 것들을 활용할 때입니다."

인생에서와 마찬가지로 전쟁에서도 양쪽 모두 완전히 전력이 고갈되는 상황이 온다. 치열한 전투를 치른 다음 날 아침, 그냥 물러서지 않고 '오늘은 기필코 놈들을 박살내고 말 거야'라고 전의를 불태우는 쪽이 승리를 거두고 고향으로 돌아간다.

오바마의 대응이 바로 이랬다. 길고도 치열한 예비선거에서도 피로에 굴복하지 않았으며, 고통스러운 비명을 지르지도 않았다. 도전을 극복하고 판을 다시 짠 끝에, 결국 승리를 거두었다. 충격적인 사건을 '교훈적인 순간'으로 승화시켜 미국 역사상 가장 심오한 명연설을 남겼다.

장애물은 거꾸로 세울 수도 있지만 강력한 투석기로 활용할 수도 있다.

어떤 방법도 통하지 않을 때를 대비하라

죽음을 항상 눈앞에 두어라.
그러면 결코 비참해지거나 지나친 욕심에 눈이 멀지 않을 것이다.

- 에픽테토스 -

인식은 관리가 가능하다. 행동은 조절이 가능하다. 우리는 언제나 또렷하게 생각할 수 있고 창의적으로 대응할 수 있다. 기회를 노려 주도권을 장악하라. 우리가 할 수 없는 것은 우리를 둘러싼 세상을 통제하는 일이다. 적어도, 내가 원하는 만큼 능동적으로 통제할 수는 없다. 아무리 인식과 행동이 뛰어나도 실패를 맛보는 경우는 생긴다.

이럴 때 반드시 명심해야 할 것은, 노력까지 가로막을 수 있는 것은 아무것도 없다는 사실이다. 아무리 창의성을 발휘해 헌신적으로 노력해도 도저히 극복할 수 없는 장애물도 있기는 있다. 아무리 기를 써도 할 수 없는 행동이 있고, 도저히 지나갈 수 없는 길도 있다. 세상에는 분명 우리보다 더 큰 무언가가 존재한다.

이것이 반드시 안 좋은 것만은 아니다. 설령 때로는 나쁜 일도 일어날 수 있고 따라서 겸손의 미덕을 쌓아야 한다는 교훈을 배우는 정도에 그친다 할지라도, 장애물을 역이용하거나 새로운 기회 창출의 계기로 활용하는 것이 아주 불가능하지는 않다.

이것은 한없이 탄력적인 공식이다. 우리의 갈 길을 가로막는 모든 장애물은 또 다른 길의 가능성을 제시해준다. 만약 사랑하는 사람이 나에게 상처를 주면, 그것은 용서를 실천할 기회가 된다. 만약 사업이 실패하면, 그것은 나의 한계를 인정할 기회가 된다. 만약 나 자신을 위해 할 수 있는 일이 아무것도 없다면, 적어도 남을 위해 무언가 할 수 있는 기회가 된다.

모든 것은 우리가 최선을 다해 노력할 기회이자 최고의 성과를 만들어낼 기회가 된다.

그저 최선을 다하라. 그러면 된다. 불가능한 것은 없다. 기꺼이 주사위를 굴렸다가 질 수도 있다. 그런 상황의 마지막 순간, 백약이 무효인 사태를 대비하라.

목표를 향해 달려가는 사람은 수없이 이 교훈을 되새긴다. 때로는 아무리 계획을 세우고 생각을 해도, 아무리 열심히 노력을 해도 풀리지 않는 문제들이 있다. 우리는 누구나 주어진 일을 제대로 처리하려고 최선을 다한 뒤, 좋든 싫든 그 결과를 겸허히 받아들이고 다음 단계로 넘어갈 능력을 가지고 있다. 당신도 마찬가지다.

PART 3

의지 단계의 원칙
Will

운명을 바꾸는 가장 강력한 무기, 내면의 힘

의지는 외부 세계의 영향을 전혀 받지 않는 내면의 힘이다. 우리는 마음을 정하고 행동을 하지만, 이 모든 것은 의미에 종속된다. 아무리 애를 써도 바꿀 수 없는 부정적인 상황에 봉착할 때도 우리의 결단은 우리가 무엇을 어떻게 할 수 있는지 결정하며, 우리는 그것을 돌파구로, 경험의 기회로, 남들에게 위안을 주는 기회로 바꿀 수 있다. 그것이 바로 의지력이다. 그러나 의지력은 저절로 생기지 않는다. 역경과 시련을 극복할 수 있도록 준비해야 하고, 캄캄한 암흑기에도 희망을 잃지 않는 마음가짐을 터득해야 한다. 사람들은 흔히 의지란 우리가 무언가를 얼마나 간절히 원하는가를 의미한다고 생각한다. 우리가 지닌 힘에는 포기하는 힘도 포함돼 있다. 참된 의지는 차분한 겸손이자, 탄력성이며, 유연성이다. 또 다른 종류의 의지는 허세와 야심으로 치장한 나약함이다. 커다란 장애물이 나타났을 때, 어느 쪽이 더 오래 견디는지 두고 볼 일이다.

링컨처럼, 의연하라

대부분의 사람들은 에이브러햄 링컨을 거의 신격화하기 때문에 그가 평생을 극심한 우울증과 싸워야 했다는 사실을 잘 알지 못한다. 당시에는 가벼운 우수 정도로 간주되었지만, 사실 그의 우울증은 그를 두 차례나 자살이라는 극단적인 선택으로 몰고 갔을 만큼 심각했다.

우리에게는 그의 걸쭉한 입담과 유머 감각을 기억하는 쪽이 훨씬 자연스럽지만, 사실 그것은 여러 측면에서 시시각각 삶의 암울한 순간을 맞아야 했던 그의 고뇌가 정반대의 형태로 발현된 것일 뿐이다. 밝고 쾌활한 모습을 보여주기도 했지만, 사실은 심각한 고민과 고립감과 고통에 시달릴 때가 더 많았다. 좀처럼 벗어날 수 없는 마음의 짐을 끌어안고 씨름하기 일쑤였던 것이다.

링컨의 일생은 엄청난 시련을 감내하고 극복한 것으로 요약된다. 가난한 시골에서 학대를 일삼는 농부 아버지 아래 태어나 어려서 어머니를 잃었으며, 법률을 독학으로 공부해야 했고, 청년 시절에는 사랑하는 여인을 잃었으며, 조그만 시골 마을의 변호사로 힘든 시기를 보냈고, 정치에 입문할 무렵에는 여러 차례 낙선의 고배를 들었으며, 그 결과 당시에는 병으로 취급되지도 않던 극심한 우울증에 시달렸다. 링컨은 외부의 자극과 내면의 야심, 따뜻한 미소와 부드러운 인내심으로 이 모든 난관에 대처했다.

개인적인 시련이 너무나도 혹독했던 나머지, 링컨은 그것이 자신에게 예비된 운명이라고 생각했으며, 특히 우울증은 더 큰 일을 감당하기 위한 자신만의 독특한 경험이라고 받아들였다. 이 모든 것을 곱씹고 감내하는 방법을 터득했고, 거기에서 긍정적인 의미를 찾아냈다.

링컨이 정치에 몸담은 기간의 거의 전부는 노예 제도가 미국 전체를 무거운 먹구름으로 뒤덮었던 시기였으며, 그 먹구름 속에는 혹독한 폭풍우가 깃들어 있었다. 어떤 이는 도망치느라 바빴고, 어떤 이는 체념하거나 변명하기에 급급했으며, 또 어떤 이는 그 기회를 틈타 의롭지 못한 일에 자신을 팔아넘김으로써 부를 축적했다. 대부분의 사람들은 나라의 영구적인 분열, 혹은 그들이 아는 세상의 종말을 예감했다.

링컨이 개인적인 여정을 통해 만들어낸 여러 가지 자질은 시련을 겪는 미국을 이끌어가는 데 필요한 자질과 정확하게 일치했다. 그는 다른 정치인들과는 달리 사소한 분쟁이나 갈등에도 본연의 모습을 잃지 않았고, 무작정 낙관적인 견해로 일관하지 않았으며, 남들처럼 마음속에

증오를 키워가지도 않았다. 스스로 극심한 고통을 당해본 경험은 남의 고통을 달래주고 싶은 연민의 마음으로 이어졌다. 어려운 일을 처리하기 위해서는 시간이 필요하다는 사실을 알기에 좀처럼 인내심을 잃지 않았다. 무엇보다도 그는 자신의 개인적인 고난보다 훨씬 커다란 대의명분 속에서 뚜렷한 목적의식과 구원을 동시에 발견했다.

당시의 미국은 관대한 도량과 투철한 목표 의식을 겸비한 지도자를 요구하고 있었는데, 비록 정치에는 초년병이지만 "냉철하고 치밀하며 절대 흥분하지 않는 이성"의 소유자임을 자부한 링컨에게서 그런 자질을 발견했다. 링컨은 종종 본인의 '혹독한 경험'과 독학으로 체득한 지식 덕분에 이런 자질을 갖추었다고 말했는데, 덕분에 그는 남북전쟁이라는, 미국 역사상 가장 긴박하고 고통스러운 시련과 맞설 적임자가 되었다.

링컨은 두뇌가 명석했고 대단한 수완가이자 야심가이기도 했지만, 그의 가장 큰 힘은 뭐니 뭐니 해도 굴하지 않는 의지력이었다.

어떤 악조건 속에서도 난제들을 해결해가는 능력, 따뜻한 유머 감각과 냉철한 진지함을 겸비한 마음가짐, 개인적인 시련을 통해 터득한 교훈으로 남을 돕고 가르치는 이타심, 온갖 잡음에도 불구하고 '철학적'으로 정치를 대하는 능력은 흔히 찾아볼 수 있는 자질이 아니다.

링컨이 제일 좋아한 "이 또한 지나가리라"라는 격언은 우리가 마주칠 수 있는 모든 상황에 적용될 만한 교훈이기도 하다.

링컨은 평생 우울증을 안고 살아간 탓에 강력한 요새를 마음속에 구축할 수 있었다. 또 한 차례의 전운이 감돌던 1861년, 그는 바로 그 요새 덕분에 위기 극복에 필요한 힘을 얻을 수 있었다. 4년에 걸쳐 남북전쟁이라는 가혹한 시련이 치열한 양상으로 지속되자, 처음에는 전쟁을 막기 위해 애쓰던 링컨도 이제 "누구에게도 악의는 없다"라는 정신으로 정정당당한 승리를 거두기 위해 노력했다.

말년의 링컨과 많은 시간을 함께했던 데이비드 포터(David Porter) 제독은 링컨이 마치 "내키지 않는 임무이기는 하지만 최대한 매끄럽게 감당해내기로 마음먹은" 것처럼 보였다고 증언했다.

링컨과 같은 임무를 감당해보지 않은 사람들은 자신의 행운에 감사해야 한다. 그러나 결코 정의를 포기하지 않는 그의 자세와 용기가 우리에게 많은 시사점을 남기는 것 역시 사실이다.

정치든 인생이든, 냉철한 이성과 행동만으로는 충분하지 않은 경우가 많다. 손바닥 뒤집듯이 간단하게 장애물을 돌파할 묘안이 나오지 않는 경우도 많다. 한 개인의 힘만 가지고 악으로 물든 세상을 구하고 갈등으로 치닫는 나라를 붙잡는 것도 힘든 노릇이다.

그래도 아주 불가능하지는 않기에 노력은 해야 한다. 지금의 고난 속에서 더 큰 목적을 발견할 수 있어야 하고, 흔들리지 않는 인내심으로 그 고난을 돌파해내야 한다.

링컨이 그런 사람이었다. 언제나 새로운 아이디어와 혁신적인 접근방법(섬터 요새에서 포위된 군대를 위해 지원군을 보내는 대신 보급선을 파견하기로 한 결정, 앤티텀 전투의 승리와 함께 노예 해방을 선포함으로써 그 선언에 더욱 강력한 힘을 실을 수 있었던 것 등), 노예 제도를 미국에서 영원히 종식한다는 내용의 수정헌법 제13조를 통과시킨 정치적 실용주의를 잃지 않았다. 링컨은 원대한 포부를 품은 몽상가였으며 동시에 최악의 경우에 대한 대비도 게을리하지 않았다. 그는 인간과 국가의 약점을 이해하는 사람이었다. 최악을 최선으로 바꿔낼 준비가 된 인물이기도 했다.

리더십은 결단력과 에너지를 요구한다. 때로는 지도자가 그 결단력과 에너지를 인내에 쏟아부어야 하는 상황도 생긴다. 축적된 힘을 한번에 발휘하기 위해서다.

링컨은 자신의 인생을 통해 터득한 교훈 덕분에 훌륭한 지도자가 될 수 있었다. 나라를, 대의를, 노력을 하나로 묶는 능력을 발휘한 것이다.

이것이 바로 마지막 원칙, 의지력의 본질이다. 인식과 행동이 마음과 몸을 개발하기 위한 훈련이라면, 의지는 영혼을 더욱 살찌우는 원칙이다.

의지는 우리가 언제나 완벽하게 통제할 수 있는 부분이다. 내가 해로운 인식을 줄이고 행동에 내 에너지의 100퍼센트를 쏟아부을 수 있다 하더라도 언제나 그런 시도가 완벽한 성공을 거둘 수는 없다.

그러나 의지는 다르다. 의지는 내 안에 있기 때문이다.

의지는 단순히 특정한 장애물에 대한 것이 아니라, 우리가 장애물을 마주해야 하는 인생 그 자체에 대한 용기요, 지혜다.

의지는 우리에게 궁극적인 힘을 가져다준다. 이 힘을 통해 우리는 극복할 수 없는 장애물을 견뎌내고, 개념화하고, 의미를 끌어낸다.(바로 이것이 뒤집어지지 않는 것을 뒤집는 방법이기도 하다.)

링컨의 침착성, 진지함, 동정심은 동시대 사람들에게서도 존경을 이끌어냈다. 오늘날의 시각으로는 거의 신적인, 초인적인 모습이 아닐 수 없다. 무엇을 해야 할지를 정확히 포착하는 감각은 그를 한 단계 높은 곳으로 끌어올렸다. 다른 사람들이 안고 있는 한계가 그에게는 적용되지 않는 듯했다. 마치 다른 별에서 온 사람 같았다.

어떤 의미에서는 그 말이 맞다. 다른 별은 아니라 해도 어딘가 아주 먼 곳, 다른 사람들은 가지고 있지 못한 마음속 깊은 곳 어디에선가 온 사람이다.

고난 속에서 깨우침을 얻은 링컨은 베르길리우스를 인용하자면 "같은 고난 속에 신음하는 사람들을 위로"하는 방법을 배웠다. 이것 역시 의지의 일부분이다. 남을 생각하고, 막고 싶었으되 그럴 수 없었던 끔찍한 상황을 최대한 활용해, 기쁘고 따뜻한 마음으로 운명과 맞서고자 했던 것이다.

링컨의 말이 사람들의 심금을 울린 이유는 그것이 자신의 가슴을 통해 우러나온 말이기 때문이며, 많은 사람들이 벽을 쌓아 외면하는 인간적인 시련을 충분히 경험했기 때문이다. 그가 경험한 아픔은 그의 장점으로 승화되었다.

링컨은 강하고 과감한 지도자였다. 그러나 그는 또한 '참으라, 그리고 절제하라(sustine et abstine)', '견뎌내고 저항하라'라는 스토아 철학의 격언을 체화한 인물이기도 했다. 고통을 감내하되 임무를 저버리지는 않았다. 만약 남북전쟁이 더 길게 이어졌더라면, 링컨은 온 국민을 전쟁터로 이끌었을 것이다. 만약 북군이 패했다면 무슨 수를 써서라도 그 패배를 만회하기 위해 노력했을 것이다. 그래도 패배를 피할 수 없었다면, 그는 떳떳하고 용감하게 그 결과를 수용했을 것이다. 이기든 지든, 그는 모범을 보일 수 있는 인물이었다.

현대 기술의 발전은 우리에게 세상을 통제할 수 있다는 환상을 심어 주었다. 우리는 통제할 수 없는 것을 통제할 수 있다는 확신을 가지고 있다.

물론 이는 사실이 아니다. 삶의 그리 즐겁지 못한 부분, 예측할 수 없는 부분을 모두 다 제거하기란 거의 불가능에 가까운 일이다. 잠깐만 역사를 돌아봐도 세상이 얼마나 무섭고 끔찍하며 예측을 불허하는지 금방 알 수 있다. 수시로 이해할 수 없는 일들이 벌어진다.

우리가 살면서 마주치는 어떤 일들은 날카로운 칼날처럼 우리를 벤다. 그 베인 틈을 통해 세상은 우리의 참된 내면을 들여다본다. 긴장과 부담이 만들어낸 그 틈 사이로 무엇이 드러날까?

의지는 가장 중요한 제3의 원칙이다. 우리는 생각할 수 있고, 행동할 수 있으며, 궁극적으로 예측이 불가능한 세상에 적응해갈 수 있다. 이때 우리를 준비시키고, 우리를 보호하며, 그 틈바구니 속에서 번영과 행복을 맛볼 수 있게 하는 것이 바로 의지다.

의지는 또한 가장 어려운 원칙이기도 하다. 다른 것들이 흔들리고 질서를 잃을 때 우리를 든든하게 지켜주는 것이 바로 의지다. 어떤 악조건 속에서도 자신감과 차분함을 잃지 않고 만반의 준비를 갖출 수 있다. 생각조차 하기 힘든 최악의 악몽이 현실로 다가온다 해도, 의지만 있으면 삶을 이어갈 수 있다.

다른 사람이나 사건을 통제하고자 하는 욕망을 포기하기보다는 우리의 인식과 감정을 통제하기가 훨씬 쉽다. 불편하고 고통스러운 것을 참아내기보다는 꾸준히 노력과 행동을 이어가는 편이 더 쉽다. 지혜를 연마하는 것보다는 생각하고 행동하는 쪽이 더 쉽다.

이런 교훈을 터득하기 위해 값비싼 대가를 치러야 할지도 모른다. 하지만 이는 역경을 돌파하기 위한 중요한 교훈이다. 우리는 언제 어디서나 다음과 같은 점을 명심해야 한다.

- 지금보다 더 어려운 때를 대비하라.
- 우리가 바꿀 수 없는 것들을 인정하라.
- 우리의 기대치를 관리하라.
- 인내하라.
- 자신의 운명, 우리에게 닥치는 일을 사랑하라.
- 내면의 자아를 보호하고, 그 속으로 후퇴하라.
- 더 크고 중요한 대의를 따르라.
- 우리 자신의 삶이 유한함을 상기하라.

그리고, 이 과정을 다시 한번 이행할 준비를 갖추어라.

누구도 건드리지 못할 내면의 성채를 쌓으라

두 발을 땅에 딛고 고통과 직면하라.
그러면 고통이 놀라 뒤로 물러설 것이다.

- 세네카 -

열두 살 무렵의 시오도어 루스벨트는 심한 천식 때문에 괴로운 나날을
보내야 했다. 유복한 환경에서 태어났지만, 매일같이 당장이라도 숨이
넘어갈 듯한 고통에 시달리는 이 소년의 삶은 백척간두처럼 위태로웠
다. 몸이 워낙 허약해 조금만 기운을 쓰면 균형이 완전히 무너져 몇 주
동안이나 침대 신세를 지기 일쑤였다.

　그러던 어느 날, 소년의 방으로 들어온 아버지가 아들의 삶을 완전
히 바꿔놓을 한마디를 던졌다. "시오도어, 너는 머리는 좋은데 몸이 따
라주질 못하는구나. 지금부터라도 몸을 만들 수 있는 방법을 알려주마.
고되고 힘들겠지만, 너라면 충분히 이겨낼 수 있을 거라고 믿는다."

부와 명예는 얼마든지 뒷받침되지만 건강한 육신은 타고나지 못한 소년에게, 이런 격려가 얼마나 가슴에 와 닿았을지 자못 의심스러울 것이다. 하지만 그 대화를 직접 목격한 루스벨트의 여동생이 남긴 증언에 의하면, 그런 의심은 불필요한 것이었다. 루스벨트는 훗날 그의 트레이드마크가 된 환한 표정으로 아버지를 바라보며 단호한 결심이 담긴 목소리로 이렇게 대답했다. "몸을 만들어보겠어요."

이후 5년 동안 그는 아버지가 2층 베란다에 만들어준 체력 단련실에서 하루도 빠지지 않고 상체의 근육과 근력을 키웠다. 허약한 폐에 활력을 불어넣고 미래를 준비하기 위해서였다. 그 결과 20대 초반이 되자 천식과의 투쟁은 승리로 막을 내렸고, 허약 체질이라는 꼬리표까지 떼어버릴 수 있었다. 그 덕분에 머리는 좋지만 몸이 약했던 소년은 미국이, 아니 전 세계가 코앞에 두고 있던 격랑 속으로 뛰어들 준비를 갖추게 되었다. 이것이 바로 그가 '불굴의 인생'이라고 부르는 긴 여정의 시작이었다.

루스벨트의 인생은 결코 순탄하지 않았다. 아내와 어머니를 연달아 잃었으며, 그의 진보적인 성향을 못마땅하게 생각하는 강력한 정적과 맞서야 했고, 선거에서도 낙선의 고배를 들었으며, 조국은 해외에서 발발한 전쟁으로 어수선했고, 치명적인 암살 기도에서 간신히 목숨을 건지기도 했다. 그러나 그는 어려서부터 하루도 빠짐없이 이어온 훈련 덕분에 그 모든 어려움을 극복할 수 있었다.

당신도 그렇게 준비가 되어 있는가? 갑자기 예상하지 못한 어려움이 닥쳐도 감당할 수 있는가?

우리는 나약함을 당연한 것으로 여긴다. 이렇게 태어났으니 이렇게 살 수밖에 없고, 타고난 약점은 어쩔 수 없다고 체념한다. 그러니 점점 더 위축되는 것도 무리가 아니다.

이것은 물론 삶의 어려움을 헤쳐나가는 최선의 방책이 아니다. 모든 사람이 불행한 출발을 그저 무기력하게 받아들이지는 않는다. 집요한 운동과 훈련으로 몸과 인생을 개조하는 이들도 많다. 고된 여정을 헤쳐가기 위한 준비 과정이다. 그들이라고 그 고된 길을 피하고 싶지 않을까? 하지만 어쨌든 그들은 준비를 갖춘다.

당신은 어떤가?

강철처럼 튼튼한 척추를 타고나는 사람은 아무도 없다. 스스로 단련을 해야 한다. 신체 운동을 통해 정신의 힘을 기르고, 정신적 훈련을 통해 신체를 가꾸어야 한다.

이런 접근 방법은 고대의 철학자들에게까지 거슬러 올라간다. 그들이 갈고 닦은 철학은 순전히 다가올 도전에 대비해 스스로 준비를 갖추기 위함이었다. 그들 가운데 상당수는 스스로를 정신적 운동선수로 보았다. 따지고 보면 뇌 역시 다른 조직과 마찬가지로 일종의 근육이다. 적절한 운동을 통해 얼마든지 개발과 단련이 가능하다는 뜻이다. 그렇게 시간이 흐르면 뇌 근육의 기억은 어떤 상황, 어떤 장애물이 닥쳐도 직관적으로 반응할 수 있는 단계까지 발전한다.

오랜 세월 동안 고향을 빼앗기고 디아스포라를 통해 신전과 공동체가 파괴되었던 유대인들은, 육신이 아니라 마음을 재건하지 않으면 안 되었다. 한 사람 한 사람의 마음속에 은유적인 의미의 신전이 마련되었다. 비록 육신은 정처 없이 온 세상을 떠돌아다닐지라도, 어떤 고난과 박해가 닥쳐도, 그들은 그 신전에서 힘과 평안을 이끌어낼 수 있었다.

하가다(Haggadah)의 한 구절을 떠올려보자. "세대를 불문하고 모든 유대인은 스스로를 이집트에서 나온 사람으로 바라볼 의무가 있다." 그들은 유월절 예식 때 쓴 약초와 이스트를 넣지 않은 빵, 즉 '고난의 빵'을 먹는다. 왜 그럴까? 조상 대대로 전해져온 용기를 상기하기 위해서다. 이 예식은 유대인의 전통을 기리고 축하하는 의미뿐만 아니라 그들을 지금까지 지탱해온 힘을 되살리는 의미를 갖는다.

이는 스토아 철학에서 말하는 '내면의 성채', 어떤 외적인 역경에도 무너지지 않는 마음속의 요새와 놀랍도록 흡사하다. 여기서 명심할 것은, 우리가 태어날 때부터 그런 구조물을 타고나지 않는다는 점이다. 우리가 직접 건설하고 강화하지 않으면 안 된다. 좋은 시절에 열심히 몸과 마음을 갈고 닦아놓아야 어려운 시기가 닥칠 때 거기에 의존할 수 있다. 우리가 내면의 요새를 잘 지켜야 그것이 우리를 보호해주는 것이다.

루스벨트에게 삶은 곧 투기장이요, 자신은 검투사였다. 살아남기 위해서는 용수철 같은 탄력과 두려움을 모르는 용기로 무장하고 어떤 시련도 견뎌낼 준비가 되어 있어야 했다. 그는 모든 위험을 불사하고 엄청난 에너지를 투자해 그런 강인함을 길렀다.

당신이라는 존재에 무관심한 세상을 상대로 씨름하기보다는 스스로를 단련하는 것이 훨씬 유익하다. 루스벨트처럼 허약한 몸으로 태어났건 현재 남부러울 것 없는 호시절을 누리고 있건 간에, 언젠가 닥쳐올 시련을 항상 준비하지 않으면 안 된다. 우리는 모두 나름의 방식으로, 나름의 싸움에서, 루스벨트가 처했던 것과 똑같은 입장에 처해 있다.

누구도 검투사로 태어나지 않는다. 누구도 내면의 성채를 타고나지 않는다. 언젠가 닥쳐올 장애물을 극복하고 목표를 달성하기 위해서는 반드시 힘을 길러야 한다.

뭔가를 잘하기 위해서는 훈련이 필요하다. 장애물과 역경도 다르지 않다. 가만히 앉아서 안락한 현대인의 삶을 누리는 것이 더 쉽기는 하겠지만, 어떤 이유로든 계획이 어긋날 때 그 모든 것을 잃지 않기 위해서는 미리 준비가 되어 있어야 한다.

진부한 비유로 느껴질지 모르겠지만, 아치를 더욱 튼튼하게 만들기 위해서는 그 위에 하중을 얹어야 한다. 그래야 아치를 구성하는 돌들이 더욱 단단히 결속해 무게를 지탱할 수 있기 때문이다.

순탄한 길만 찾아다녀서는 배울 것이 없다. 위험하다고 늘 피해 다닐 수만은 없다. 약점을 당연한 것으로 치부할 필요도 없다. 당신은 혼자 있어도 괜찮은가? 꼭 필요할 경우 몇 바퀴를 더 돌 수 있을 만큼 강건한가? 마음의 부담 없이 도전을 마주할 수 있는가? 불확실성을 이겨낼 수 있는가? 극심한 부담감을 떨쳐버릴 수 있는가?

이런 일들은 언젠가 반드시 당신에게도 닥칠 것이다. 언제, 어떻게 올지는 아무도 모르지만, 올 것만은 틀림없다. 삶은 해답을 요구한다. 행동하는 삶을 선택한 것은 바로 당신 자신이다. 그러니 미리 준비를 갖추는 것이 좋다. 그것이 당신의 갑옷이 될 것이다. 그 갑옷이 당신을 천하무적으로 만들어주지는 않겠지만, 언젠가 반드시 닥쳐올 시련을 대비하는 데 큰 힘이 될 것이다.

위기의 순간까지 계획하라

당신에게 무슨 일이 일어나든
그것은 먼 과거로부터 준비되어 있었던 것이다.
- 마르쿠스 아우렐리우스 -

어느 회사가 아주 중요한 신제품을 출시하기 전날, CEO가 임원들을 회의실에 소집했다. 임원들이 자리에 앉자, CEO는 회의를 시작하며 이렇게 말문을 열었다. "안 좋은 소식이 있습니다. 우리의 프로젝트가 완전히 실패했어요. 무엇이 잘못되었는지 말해보세요."

'뭐라고?! 아직 출시도 하지 않았는데…'

바로 이것이 핵심이다. 이 CEO는 임원들에게 미리 앞당겨 반성을 훈련하고 싶은 것이다. 게리 클라인(Gary Klein)이라는 심리학자가 고안한 이른바 '사전 부검(premortem)' 기법이다.

일반적인 부검(postmortem)의 경우, 검시관은 환자가 사망한 원인을 조사함으로써 다음번에 비슷한 상황이 발생했을 때 참고를 하고자 한다. 의료계 바깥에서는 이런 종류의 일을 여러 가지 표현으로 부른다. 사후 보고, 퇴장 인터뷰, 마감 회의, 리뷰… 어떻게 부르든 본질은 동일하다. 어떤 사건이 벌어진 이후에 그 사건을 돌아보는 것이다.

사전 부검의 경우는 이야기가 다르다. 어떤 일을 시작하기 전에 미리, 무엇이 잘못될 수 있는지를 상상해보자는 것이다. 야심찬 계획이 충분히 예방할 수도 있었을 이유 때문에 실패로 돌아가는 경우가 너무 많다. 모든 일이 계획대로 이루어지지 않을 수도 있다는 사실을 인정하지 않아서 이른바 플랜 B를 마련해두지 않는 사람도 많다.

계획과 현실이 비슷하게 맞아떨어지는 경우는 그리 흔치 않다. 마땅히 이 정도는 받아야 한다고 믿었는데, 실제로 손에 쥔 것은 그보다 터무니없이 부족한 경우가 많다. 그런데도 우리는 끊임없이 이런 사실을 부정하고 뒤늦게 충격을 받곤 한다.

한심한 노릇이다. 스스로를 낭떠러지에서 떠미는 것과 다를 바 없다. 이 점을 가장 설득력 있게 표현한 사람은 아마도 마이크 타이슨(Mike Tyson)일 것이다. 그는 부와 명예를 다 잃고 난 뒤, 어느 기자에게 이렇게 말했다. "만약 당신이 스스로 겸손하지 않으면, 삶이 당신에게 겸손을 가져다줄 것이다."

좀 더 많은 사람들이 최악의 시나리오를 미리 염두에 두었더라면 벤처 거품과 엔론 사태, 9.11 테러, 이라크 침공, 부동산 시장의 붕괴 같은 비극들은 피할 수 있었을 것이다. 코로나 팬데믹을 예상한 사람이

몇이나 될까? 어떤 일이 벌어질 수 있는지를 생각하고 싶은 사람이 아무도 없다면, 결과는? 파국이다.

요즘 사전 부검의 개념이 신생 기업에서부터 500대 대기업, 〈하버드 비즈니스 리뷰〉에 이르기까지, 경제계에서 커다란 인기를 누리고 있다. 하지만 획기적인 아이디어가 다 그렇듯, 이것 역시 전혀 새로운 게 없는 개념이다. 굳이 출처를 따지면 스토아 철학으로 거슬러 올라가야 한다. 그들은 심지어 더 멋있는 이름까지 생각해냈다. 'premeditatio malorum', 좋지 않은 일을 사전에 명상해본다는 뜻이다.

세네카는 여행을 하든, 연설을 하든, 집정관 자격으로 어떤 정책을 입안하든 간에 계획을 검토하고 예행연습부터 했다. 머릿속에서(혹은 글을 쓰면서) 잘못될 가능성이 있는 일들, 그리고 그 일이 일어나는 것을 막을 수 있는 방법을 검토하는 것이다. 태풍이 올 수도 있고, 선장이 병에 걸려 쓰러질 수도 있으며, 배가 해적의 공격을 당할 수도 있다. 청중이 야유를 보낼 수도, 정책 시행이 연기될 수도 있다.

"현명한 사람에게는 예상하지 못한 일이 생기지 않는다." 세네카가 어느 친구에게 쓴 글이다. "모든 일이 그의 바람대로 되지는 않지만 그의 계산대로는 된다. 무엇보다도, 그는 자신의 계획이 어긋날 수 있다는 사실을 미리 염두에 둔다."

항상 위기에 미리 대비하고, 그것을 계획에 포함시켜야 한다. 패배든 승리든, 맞이할 준비가 되어 있어야 한다. 솔직히 말해서 기분 좋은 깜짝 쇼가 기분 나쁜 깜짝 쇼보다는 훨씬 낫지 않은가.

만약 무슨 일이 생기면…

— 그럼 … 할 것이다.

만약 무슨 일이 생기면…

— 그 대신 … 할 것이다.

만약 무슨 일이 생기면…

— 문제없다, 우리는 언제나 … 할 수 있다.

어떤 조치도 취할 수 없는 경우, 스토아 철학자들은 그것을 우리가 좀처럼 하지 못하는 무언가를 연습할 좋은 기회로 간주했다. 이른바 '기대치 관리'다. "만약 무슨 일이 생기면…"이라는 질문에 대해 "기분이 더럽기는 하겠지만 죽지는 않겠지. 견뎌내는 수밖에 없잖아. 설마 망하기야 하겠어?"라고 답할 수밖에 없는 경우가 있기 때문이다.

우리의 세계는 외적인 요소가 지배한다. 약속을 지키지 않는 사람이 너무나 많다. 당연히 내 것이고 내가 힘들여 벌어들였는데도 내 손에 들어오지 않는 것들이 너무나 많다. 학교에서 배운 것과 달리 모든 게임이 깨끗하고 솔직하게 진행되지는 않는다. 이런 상황에 대비해야만 한다.

늘 겸손한 마음으로 준비하라. 어떤 계획이든 현실을 이기지는 못한다. 어차피 우리는 다른 사람들에게 의존해야 하는 존재다. 모든 사람들이 우리 생각처럼 움직여주지는 않는다.(솔직히 말하자면, 우리의 가장 큰 적은 우리 자신일 때가 많기는 하지만.) 사람들이 실수를 저질러 우리의 계획을 망가뜨릴 수도 있다는 얘기다. 늘 그렇지는 않지만, 그럴 때가 많다.

이런 일이 한 번씩 일어날 때마다 번번이 충격을 받는 사람이라면 참 담한 기분에 사로잡히는 것은 물론이거니와 제2, 제3, 제4의 시도로 넘어가기도 쉽지 않을 것이다. 단 한 가지 확실한 게 있다면, 그것은 반드시 무언가가 잘못될 것이라는 점이다. 그 충격을 조금이라도 줄일 수 있는 유일한 방법이 바로 예측이다. 우리가 통제할 수 있는 유일한 변수는 우리 자신이기 때문이다.

그래서 지혜로운 자들이 이런 격언을 만들었는지도 모른다.

- 폭풍 전야의 고요함을 조심하라.
- 최선을 희망하고, 최악을 준비하라.
- 최악의 사태는 아직 시작되지 않았다.
- 더 좋아지기 전에 더 나빠지기부터 한다.

세상은 당신을 염세주의자라고 부를지도 모른다. 그래서 문제 될 것이 있는가? 방심하고 있다가 뒤통수를 맞는 것보다는 차라리 낫다. 일어날 수 있는 일의 가능성을 생각하고 우리가 세운 계획의 약점을 따져 봄으로써 피할 수 없는 실패를 정확하게 인식하고 적절히 대처하거나 그냥 감내할 수 있어야 한다.

불운을 먼저 생각해도 아무런 문제가 없는 이유는 그것이 예고하는 바를 두려워하지 않기 때문이다. 남들은 어떤지 몰라도 우리는 역경을 맞을 준비가 되어 있다. 다시 말해서 이 불운이라는 것은 사실상 시간을 벌 수 있는 기회에 다름 아니다. 우리는 오르막길에서 훈련을 거듭한 달리기 선수와도 같다. 경기장이 평지일 거라고 생각한 경쟁자들을 어렵지 않게 따돌릴 수 있다.

물론 예측한다고 해서 무슨 마술처럼 모든 일을 술술 풀리지는 않는다. 하지만 최악의 사태에 준비가 되어 있다는 것은 커다란 혜택이 아닐 수 없다.

우리는 예측한 덕분에 일어날 수 있는 일의 범위를 알 수 있고, 언제나 좋은 일만 일어나지는 않는다는 걸 이해하게 된다. 그러니 미리 각오를 다질 수 있다. 하나도 남김없이 모든 게 다 잘못될 수도 있음을 이해한다. 그러고 나면 다시 돌아가 당면한 과제를 처리할 수 있다.

당신이 X라는 목표를 달성하고 싶어서 시간과 돈과 인맥을 투자한다고 하자. 이때 일어날 수 있는 최악의 일은 무언가 잘못되는 게 아니다. 무언가 잘못되어 당신의 뒤통수를 치는 게 최악이다. 왜? 예상하지 못한 실패처럼 실망스러운 것도 없기 때문이다.

하지만 무엇이 잘못될 수 있는지를 마음속으로 미리 리허설해본 사람은 뒤통수를 맞지 않는다. 실망할 준비가 되어 있는 사람은 실망시킬 재간이 없다. 그들에게는 실망을 돌파할 힘이 있다. 그런 사람들이 실의에 빠져 당장 처리해야 할 숙제를 외면하거나 터무니없는 실수를 저지를 가능성은 거의 없다.

상상 속에서 궁궐을 짓는 것보다 더 좋은 게 뭔지 아는가? 현실 속에서 궁궐을 짓는 것이다. 물론 상상 속에서 궁궐을 짓는 것이 무너뜨리는 것보다는 훨씬 재미있을 것이다. 하지만 그 목적이 무엇인지를 따져 보아야 한다. 실망감만 가져다주는 것이어서는 아무 소용이 없다. 터무니없는 계획은 붕대와도 같다. 떼어낼 때 아프다.

예측을 할 수 있으면 방어선을 구축할 시간이 생기고, 심지어는 그래야 하는 상황을 완전히 예방할 수도 있다. 한 발만 물러서면 궤도를 이탈해도 견딜 수 있는 힘이 생긴다. 일이 계획대로 풀려나가지 않을 때도 완전히 망가지는 것을 피할 수 있다. 예측이 되어 있으면 감당할 수 있다.

실패에 대비되어 있어야 성공할 준비가 된 것이다.

내 영역 밖의 일은 받아들이라

운명은 순순히 응하는 자에게는 길을 안내하고
저항하는 자는 질질 끌고 간다.
- 세네카 -

1922년, 젊고 가난한 문학도 어니스트 헤밍웨이가 프랑스에서 작가의 꿈을 품고 고군분투하던 때였다. 그의 아내 해들리가 유명한 편집자와 함께 그를 만나러 왔다가, 그간 헤밍웨이가 모아두었던 원고를 모두 챙겼다. 단편소설과 시는 물론 미완성 장편에 이르기까지 그때까지 헤밍웨이가 쓴 글 전부였다. 그런데 해들리가 리옹역에서 기차를 기다리다가 원고가 든 가방을 잃어버리고 말았다. 복구 불가능한 초대형 사고였다. 몇 년에 걸쳐 쓴 글이 한순간에 날아가버렸으니.

물론 우리는 헤밍웨이가 어떤 작가가 되었는지를 알고, 이 '장애물'이 그의 성공에 어떻게 기여했는지 대충 짐작할 수 있다. 글을 새로 쓸 수밖에 없었고, 그 와중에 문학적 스타일이 조금 달라지기도 했다. 하지만 그 당시 그의 심정이 어땠을지는 쉽게 짐작하기 어렵다. 헤밍웨이는 선배 작가인 에즈라 파운드에게 보낸 편지에 이렇게 썼다. "내 초고들을 모조리 잃어버렸다는 소식을 들었는지요? 그 망할놈의 글을 쓰느라 꼬박 3년이 걸렸는데 말이에요."

우리를 좌절과 절망의 늪에 빠뜨리는 사건들도 지나고 보면 대부분 피와 살이 되는 것은 분명한 사실이다. 그런 사건들 덕분에 변화를 시도하고, 나름의 대응책을 찾는다. 하지만 그렇다고 해서 그 순간의 가슴 찢어지는 아픔이 사라지지는 않는다. 그 순간을 되돌릴 수도 없다. 상황에 대응하고 긍정적인 면을 바라보며 계속 나아가기 위해서는 현실을 '인정'하는 데서 시작해야 한다는 사실도 변하지 않는다. 물론 그러기에는 시간이 걸린다.

헤밍웨이도 현실을 받아들이고 좌절의 구렁텅이에서 빠져나오기까지 시간이 걸렸지만, 그 시간이 그렇게까지 길지는 않았다. 몇 주 만에 다시 글을 쓰기 시작했다. 몇 달이 지나자 상처도 어느 정도 아물었다. 몇 년이 지나자 그 경험을 단편소설의 소재로 활용하는 경지에 도달했다. 헤밍웨이는 소설 속에서 원고를 잃어버린 인물을 통해 이렇게 얘기한다. "한 줄기 바람이 바다 위에서 폭풍우를 몰아내는 모습이 선명히 보이기 시작하자, 나는 더 좋은 소설을 쓸 수 있음을 깨달았다."

스케이트보드 선수로 이름을 날린 토니 호크(Tony Hawk)는 아주 어려서부터 프로 선수로 활동했다. 그는 다른 선수들에 비해서는 물론이고 일반인보다도 키가 작아 경사로에서 점프하기가 너무 힘들었다. 좌절감에 빠졌고 불공평하다고 여기기까지 했다. 다른 키 큰 선수들은 너무 쉽고도 자연스럽게 해내는 동작을 본인은 할 수 없다는 사실을 받아들이고 나서야, 그는 단점을 보완하는 자기만의 방법(돌출부의 가장자리를 벗어나는 순간 점프를 시도하는)을 고안할 수 있었다.

이 조그만 혁신은 토니 호크가 기울어진 운동장을 바로잡는 효과에 그치지 않았다. 스케이트보드라는 스포츠 자체에 혁명을 일으켰다.

언제나 이런 식으로 느껴지지는 않겠지만, 우리에게 적용되는 갖가지 구속은 오히려 은총이다. 그 구속을 받아들이고 그 인도를 따를 때 더욱 그러하다. 덕분에 우리는 그런 구속이 없었더라면 쳐다보지도 않았을 기술을 개발하게 된다. 이왕이면 모든 것을 다 갖추면 더 좋지 않을까? 물론이다. 하지만 그런 행운은 현실과는 거리가 멀다.

원하지 않는 일을 받아들여야 하는 사람은 당신 혼자만이 아니다. 인간의 숙명이라 해도 과언이 아니다.

어떤 사람이 교통 신호를 개인적으로 받아들인다면, 우리는 아마 그를 정신 나간 사람이라고 생각할 것이다. 인생은 우리 앞에 피할 수 없고 바꿀 수 없는 것들을 들이민다. 여기서 멈추라고 한다. 혹은 저 교차로가 봉쇄되었으니 멀고 불편한 길로 돌아가라고 한다. 소리를 지르며 반박한다고 해서 해결될 문제가 아니다. 그저 받아들이는 수밖에 없다.

궁극적인 목적지에 도달하지 못해도 할 수 없다는 말이 아니다. 하지만 그 목적지까지 도달하는 경로와 시간은 얼마든지 바뀔 수 있다.

의사가 어떤 지시나 진단을 내리면, 설령 그것이 나의 바람과는 정반대되는 것이라 해도, 그냥 받아들이는 수밖에 없다. 치료 과정을 즐기기야 어렵겠지만, 그것을 거부하면 회복이 늦어진다는 것을 잘 알기 때문이다.

나에게 달린 일과 그렇지 않은 일을 구분하고 나면, 그 다음엔 내가 통제할 수 없는 부분이 시작된다. 나에게 주어진 유일한 선택 사항은 '받아들임'뿐이다.

슛이 안 들어갔다.

주식에 투자했다가 망했다.

날씨 때문에 선적을 못했다.

자, 소리 내어 말해보라. 세라비(C'est la vie). 그것이 인생이다. 괜찮다. 어떤 일에 숙달되기 위해 반드시 그 일을 좋아할 필요는 없다. 반드시 그 일을 무언가에 이용할 필요도 없다. 문제의 원인이 우리의 외부에 놓여 있다면, 그냥 받아들이고 계속 갈 길을 가는 게 낫다. 발버둥 쳐봐야 소용이 없기 때문이다. 스토아 철학은 이런 태도에 아주 근사한 이름을 붙여놓았다. 그들은 이것을 '묵종의 기술'이라 부른다.

한 가지 확실히 해둘 것은, 이것은 절대 포기와 같지 않다는 점이다. 이것은 행동과는 아무 관계도 없다. 그보다는 '당연히 그래야 하는 상태'라고 말하는 쪽이 훨씬 이해하기 쉬울 듯하다. 그러기 위해서는 강인함과 겸손함을 겸비해야 하고, 현실을 있는 그대로 받아들이는 것이 중요하다. 숙명과 마주하려면 용기가 필요하다.

모든 외적인 사건들은 우리에게 똑같이 유용하다. 우리가 그것들을 역이용할 수 있기 때문이다. 평소 같으면 거들떠보지도 않았을 교훈을 배울 수도 있다.

예를 들어 LA 레이커스 농구팀의 필 잭슨 감독은 2006년 엉덩이 부상에 따른 수술로 코트 주변에서의 움직임에 커다란 제약을 안게 되었다. 선수들 곁에 마련된 특수 의자에 갇힌 신세가 된 그는 평소처럼 사이드라인을 따라 움직이며 선수들과 호흡을 함께할 수가 없었다. 처음에 잭슨은 이래서야 감독 역할을 제대로 수행할 수 없을 거라고 생각했다. 하지만 실제로는 다른 코칭스태프와 따로 떨어져 의자에 앉아 있으니, 오히려 권위가 더 높아진다는 사실을 알게 되었다. 덕분에 옛날처럼 설치지 않고도 자신의 뜻을 관철시키는 방법을 터득할 수 있었다고 한다.

하지만 이렇게 예상치 못한 혜택을 누릴 수 있으려면 먼저 예상치 못한 비용을 기꺼이 떠안아야 한다. 물론 처음부터 그런 비용을 지불할 필요가 없으면 더 좋겠지만 말이다.

불행하게도 우리는 탐욕 때문에 이런 모습을 보이지 못할 때가 많다. 본능적으로 상황이 이렇게까지 열악하지 않았으면 얼마나 좋았을까 하는 생각을 하게 되기 때문이다. 최고의 조건을 가정한 채 욕심을 부리기에 급급한 셈이다. 상황이 더 나빠질 수도 있다는 생각은 좀처럼 하지 않는다.

현실은 어떤가? 상황은 언제든 더 악화될 수 있다. 악담을 하는 것은 아니지만, 다음부터는 이런 생각도 해봐야 한다.

'돈을 잃었다'고?

친구를 잃을 수도 있었다는 사실을 기억하라.

'직장을 잃었다'고?

팔다리를 잃는 것보다는 낫지 않은가?

'집을 잃었다'고?

모든 것을 다 잃을 수도 있었다.

그래도 우리는 잃어버린 것만 생각하며 불평을 늘어놓는다. 가진 것에 감사하는 마음과는 거리가 멀다.

그야말로 눈 깜짝할 사이에 전 세계 어디로든 문서를 보낼 수 있는 세상, 공간을 초월해 누구와도 고해상도 동영상으로 대화를 나눌 수 있는 세상, 분 단위로 날씨를 예측할 수 있는 세상, 이런 세상에서는 인간이 마침내 자연을 정복한 것 아닌가 하는 생각을 갖게 되기 쉽다. 물론 그것은 사실이 아니다. 우리는 그 무엇도 정복하지 못했다. 세상은 우리보다 훨씬 더 강력하다.

옛날 사람들(그렇게 먼 옛날까지 거슬러 올라갈 필요도 없다)은 운명이라는 단어를 우리보다 훨씬 많이 사용했다. 세상이 얼마나 변덕스럽고 무작위적인지를 잘 알고 있었기 때문이다. 무슨 일이 벌어지면 대개 '신의 뜻'으로 간주했다. 운명은 인간의 동의 여부와는 무관하게 우리의 인생을 규정하는 커다란 힘이었다. 편지를 쓸 때는 흔히 "주의 뜻이라면(Deo volente)"이라는 문구와 함께 서명을 하곤 했다. 무슨 일이 벌어질지 아무도 알지 못하기 때문이었다.

자신이 가진 모든 것을 독립전쟁에 쏟아부은 뒤 나머지는 하느님의 손에 맡기겠다고 한 조지 워싱턴을 생각해보라. 연합군의 시실리 상륙 작전을 하루 앞두고 아내에게 이런 편지를 쓴 아이젠하워는 어떤가? "우리가 할 수 있는 일은 하나도 빠뜨리지 않고 다 했고, 병사들도 최선을 다하고 있소. 이제 해답은 주님이 쥐고 있을 뿐이오." 워싱턴도, 아이젠하워도 현실에 안주하거나 자질구레한 일은 다른 사람에게 맡기는 성격의 소유자가 아니었다. 하지만 그들은 이미 일어난 일을 자신의 힘으로 되돌릴 수 없다는 사실을 알고 있었고, 그런 마음가짐을 출발점으로 삼았다.

우리도 그렇게 되기 위해서는 겸손하고 유연한 사고방식을 갖추어야한다. 우리의 계획은 늘 어떤 사람, 혹은 어떤 사건 때문에 바뀌기 마련이다. 그 사람은 우리 자신이 아니다. "제안은 사람이 하지만 처리는 하느님이 한다"라는 속담도 있지 않은가.

- 운명을 거부하지 말라.
- 하늘의 뜻이다.
- 자연이 허락한다면.
- 머피의 법칙

사람마다 좋아하는 표현은 다르겠지만, 이 네 가지 내용은 사실 똑같다. 예나 지금이나 변한 건 별로 없다. 옛날 사람들이 조금 더 인식력이 뛰어났을 뿐이다.

인생은 게임이라는 은유를 사용하고자 한다면, 게임의 도구가 주사위냐 칩이냐 카드냐의 차이다. 골프를 좋아하는 사람이라면, 공이 떨어진 자리에서 플레이 하라고 말할 것이다.

그러기 위해서는 먼저 받아들여야 한다. 빨리 받아들일수록 더 유리하다. 인생은 우리에게 우리의 족적을 남길 수 있는 여지를 허락한다. 사람과 사건을 있는 그대로 받아들인다는 것은 그 자체에 이미 많은 의미를 담고 있다. 언덕에서 흘러내리는 물처럼, 우리는 사건들이 이끄는 대로 따라가기만 하면 된다. 그래도 물은 결국 제일 낮은 곳에 도달하지 않던가.

① 당신은 어떤 일이 벌어져도 견딜 수 있을 만큼 튼튼한 탄력성을 지니고 있고, ② 하지만 어차피 벌어진 일에 대해서 할 수 있는 것이 없으며, ③ 충분히 큰 그림과 긴 시간을 염두에 두고 있기 때문에, 당신이 목적지까지 가는 동안 받아들여야 하는 것은 여전히 무시할 수 있는 조그만 일부분일 뿐이다.

우리는 그리 대수롭지 않은 존재지만, 그것이 우리의 약점은 아니다. 프랜시스 베이컨의 말처럼, 자연을 정복하기 위해서는 먼저 복종해야 한다.

일어나는 모든 일을 진심으로 사랑하라

자기에게 일어나는 일만,
운명의 신이 자기에게 엮어주는 일만을 사랑하라.
모든 일은 정당하게 일어난다.
– 마르쿠스 아우렐리우스 –

토머스 에디슨이 예순일곱 살 때의 일이다. 어느 날 모처럼 일찍 퇴근해 저녁을 먹은 직후, 어떤 사람이 헐레벌떡 달려오더니 몇 킬로미터 떨어진 에디슨의 연구 단지에 불이 났다는 소식을 전했다. 인근 여덟 마을에서 소방차가 화재 현장으로 달려왔지만, 도저히 불길을 잡을 수가 없었다. 단지 내 여러 건물에 보관된 화학 약품 때문에 노랗고 파란 불꽃이 하늘 높이 치솟으며 에디슨이 평생 동안 건설해온 제국을 완전히 집어삼킬 기세였다.

재빨리, 그러나 침착하게 현장으로 달려간 에디슨은 넋이 나간 직원들과 수백 명의 구경꾼들 사이에서 자신의 아들을 찾았다. "얼른 가서

엄마와 엄마 친구들을 모셔 오너라." 에디슨은 어린아이처럼 흥분한 목소리로 말했다. "두 번 다시 이런 불구경은 못할 테니까."

"뭐라고요?!"

에디슨은 걱정할 것 없다고 아들을 달랬다.

"괜찮다. 이참에 쓰레기를 깨끗이 치울 수 있게 되었어."

상당히 놀라운 반응이 아닐 수 없다. 하지만 가만히 생각을 해보면 이해가 가기도 한다. 에디슨이 어떤 반응을 보였어야 했을까? 눈물을 흘린다? 화를 낸다? 포기하고 집으로 돌아간다?

그런다고 해서 무엇이 달라졌을까?

우리는 이 질문의 답을 안다. 달라질 것은 하나도 없다. 그래서 그는 응석을 부리느라 시간을 낭비하지 않은 것이다. 훌륭한 일을 하기 위해서는 비극과 후퇴를 감당할 수 있어야 한다. 자신이 하는 일을 사랑하고, 거기서 파생되는 좋은 점과 안 좋은 점까지도 다 사랑해야 한다. 우리 앞에 일어나는 아주 사소한 일에서도 기쁨을 찾는 방법을 터득해야 한다.

물론 에디슨의 연구 단지에 '쓰레기'만 있었던 것은 아니다. 여러 해에 걸쳐 수집한 소중한 자료들, 시제품들, 연구 결과들이 모두 잿더미가 되었다. 건물들은 불이 나도 끄떡없는 것으로 알려진 콘크리트로 지어졌기 때문에, 그 가치에 비해 터무니없이 작은 보험에 가입되어 있을 뿐이었다. 그런 재앙이 닥칠 거라고는 상상도 하지 못했던 에디슨과 그의 투자자들은 실제 피해의 3분의 1을 겨우 보상받았다.

이쯤 되면 누구라도 깊은 상심에 빠지는 게 당연하지만, 에디슨은 달랐다. 오히려 더욱 기운이 넘치는 모습이었다. 다음 날 그가 어느 기자에게 말했듯이, 그는 이제 너무 늙어서 새 출발을 할 수 없다는 생각은 꿈에도 해보지 않았다. "나는 이런 일을 숱하게 겪었네. 덕분에 지금까지 권태에 빠지지 않고 견뎌왔지."

그로부터 3주가 채 안 되어 공장이 부분적으로 복구되어 가동을 시작했다. 한 달이 지나자 직원들은 그 이전까지 세상이 보지 못한 새로운 제품을 만들어내느라 2교대로 작업에 박차를 가했다. 에디슨은 1백만 달러(요즘 돈으로는 약 2천3백만 달러)가 넘는 손실에도 불구하고 바로 그해에 1천만 달러(요즘 돈으로 2억 달러)에 육박하는 수익을 올렸다. 엄청난 재앙을 맞았는데도 훌륭하게 재기에 성공한 것이다.

기대치를 버리고 우리에게 일어난 일을 받아들인 이후, 어떤 일―특히 좋지 않은 일―은 우리의 통제권 바깥에 있다는 사실을 이해한 이후의 단계는 무슨 일이든 기쁜 마음으로, 기분 좋게 대하는 것이다. 이는 해야 할 일을 할 수 있는 일로 전환하는 과정이다.

우리의 에너지와 감정과 노력을 꼭 필요한 곳에 투입해야 한다. 바로 여기가 거기다. 스스로에게 이렇게 말해보라. '이게 내가 꼭 해야 할 일인가? 그렇다면 기쁜 마음으로 하는 게 좋겠지.'

전설적인 권투 선수 잭 존슨(Jack Johnson)이 짐 제프리스(Jim Jef-fries)를 상대로 유명한 15라운드 경기를 치를 때의 모습을 생각해보자. '위대한 백인의 희망'이라 불리던 제프리스는 한창 주가를 올리는 이 흑인 챔피언을 물리치기 위해 은퇴를 번복하고 링 위에 올랐다. 존 슨은 상대 선수는 물론 관중들이 하나같이 자신에 대한 증오를 뿜어내는 와중에도 오히려 그 증오를 즐겼다. 경기 내내 미소를 지으며 농담을 쏟아냈다.

안 될 이유가 있었을까? 달리 어떤 반응을 보여야 했을까? 자신을 증오하는 이들에게 그 증오를 되돌려준다? 누군가를 증오한다고 기분이 좋아지는 것은 아니어서, 존슨은 스스로 그런 부담까지 떠안고 싶지 않았다.

그렇다고 자신에 대한 학대를 그대로 받아들인 것은 아니다. 그 대신 경기를 풀어가는 전략에 그 점을 십분 반영했다. 제프리스의 진영에서 험한 소리가 튀어나올 때마다 존슨도 물러서지 않고 맞받았다. 제프리스가 얕은 수를 부리거나 저돌적으로 돌진해오면 존슨 역시 똑같이 응수하며 반격했다. 그러나 그 와중에도 존슨은 이성을 유지했다. 심지어 상대방의 주먹이 명중해 입술이 터졌을 때도 미소를 잃지 않았다. 피투성이가 되어서까지 환한 미소를 지은 것이다. 라운드가 거듭될수록 존슨은 점점 더 밝아졌고, 상대방은 화를 다스리지 못해 결국은 싸울 의욕마저 잃고 말았다.

최악의 순간이 닥쳤다고 생각될 때, 존슨의 모습을 떠올려보라. 언제나 차분하고, 언제나 침착하며, 자신을 입증해 보일 기회를 소중히 여기고, 어떤 비난이나 야유에도 굴하지 않고 당당하게 사람들 앞에 서는 모습을. 그의 말 한마디 한마디는 그에 합당한 반응을 이끌어냈고, 그것이 상대방으로 하여금 스스로 무덤을 파게 하는 결과로 이어졌다. 결국 제프리스가 링 위에 쓰러진 채 경기는 끝났고, 존슨에 대한 모든 의심도 침묵에 휩싸였다.

링 바로 옆에서 이 경기를 지켜본 유명한 소설가 잭 런던(Jack London)은 이렇게 썼다.

미소를 짓는 이 남자를 아무도 이해하지 못한다. 글쎄, 이 경기의 이야기는 미소에 대한 이야기가 되어야 할 것 같다. 미소 하나만 가지고 싸움에서 이긴 사람이 있다면, 그것은 오늘의 존슨일 것이다.

그 사람이 바로 우리다. 적어도 노력을 하면 그렇게 될 수 있다. 우리도 이를 바득바득 가는 대신 환한 미소를 지으며 역경을 이겨내는 사람이 되기 위해 노력해야 한다. 우리를 좌절로 몰아넣으려 하는 사람이나 난관을 오히려 좌절의 늪으로 몰아넣어야 한다.

스토아 철학 역시 언제 어떤 상황에서도, 특히 나쁜 상황일수록 쾌활함을 잃지 말아야 한다고 가르친다. 에디슨이나 존슨이 어디서 이런 가르침을 받았는지는 모르지만, 아무튼 그 가르침을 제대로 실천한 것만은 분명하다.

우리가 통제할 수 없는 일을 붙잡고 몸부림쳐봐야 아무 소용이 없다. 어느 모로 보나 실망하고 분노를 터뜨리기보다는 담담하게 받아들이는 쪽이 낫다. 이런 가르침을 이해하고 실행에 옮기는 사람은 몇 되지 않는다. 하지만 그것은 첫걸음일 뿐이다. 그보다 더 중요한 것은 우리에게 일어나는 모든 사건, 모든 상황에 대한 사랑이다.

우리의 목표는…

'나는 괜찮다'가 아니다.

'괜찮은 것 같다'도 아니다.

'너무너무 기분이 좋다'가 되어야 한다.

그 일이 일어났다는 것은 원래부터 일어나도록 예정되어 있었다는 뜻이고, 그래서 나는 기쁨을 느낄 수 있어야 한다. 단지 그것을 최대한 활용하기만 하면 된다.

우리에게 어떤 일이 일어날지를 선택할 수는 없지만, 일어난 일을 어떻게 받아들일지는 얼마든지 선택할 수 있다. 안 좋게 받아들이는 쪽을 선택해야 하는 이유가 무엇인가? 이왕이면 자기 자신에 대한 깔끔한 결산 보고를 선택해야 한다. 어떤 사건이 반드시 일어나야만 했다면, 흔쾌히 수용하는 수밖에 없다.

원래의 기대치를 돌아보느라 시간을 낭비하지 말라. 잔잔한 미소를 머금은 채, 오로지 앞만 바라보라.

그렇다고 존슨과 에디슨이 마냥 수동적인 자세를 취한 것은 아니라는 점을 짚고 넘어가야 한다. 가만히 앉아서 역경을 인내하기만 한 것이 아니라는 이야기다. 그들은 자신에게 일어난 일을 받아들였다. 그리고 그것을 사랑했다.

일어나지 않았더라면 더 좋았을 일에 감사한 마음을 갖는 것이 조금은 부자연스럽다는 것쯤은 나도 안다. 하지만 우리는 이제 기회와 은총이 역경 속에 숨어 있다는 것을 안다. 역경을 극복하는 과정 속에서 우리는 더욱 강해지고 날카로워진다. 이런 느낌을 억누를 이유가 없다. 어차피 피할 수 없는 일이라면 미리 느껴도 좋았으련만, 지나고 나서야 뒤늦게 그것이 최고였음을 인정하게 되는 경우가 많다.

우리가 역경을 사랑하는 이유는 그것이 연료이기 때문이다. 그냥 가지고 싶은 정도가 아니라, 반드시 필요하다. 연료가 없으면 아무 데도 갈 수 없다. 아무 일도 벌어지지 않는다. 그래서 감사해야 하는 것이다.

좋은 일이 언제나 안 좋은 일보다 중요하다는 뜻은 아니다. 아무런 대가도 치르지 않고 공짜로 누릴 수 있다는 뜻도 아니다. 하지만 안 좋은 일 속에는 반드시 좋은 것―비록 처음에는 거의 눈에 보이지 않을 정도지만―이 숨어 있다.

우리는 그것을 찾아낼 수 있고, 그래서 행복해질 수 있다.

함부로 수건을 던지지 말라

인생 전체를 그려보고 쉽게 낙담하는 일이 없도록 하라.
"이번 일에서 참을 수 없고 감당할 수 없는 것은 무엇인가?" 자문해보라.

- 마르쿠스 아우렐리우스 -

오디세우스는 10년 동안의 기나긴 전쟁 끝에 트로이를 떠나 고향 이타카로 향한다. 물론 그는 그 여정 앞에 무엇이 기다리고 있는지 알지 못했다. 또 다른 10년의 방황이 그를 집어삼키리란 걸 말이다. 고향 땅을, 왕비와 어린 아들을 지척에 두고, 또다시 걸음을 돌릴 수밖에 없었다. 폭풍우와 온갖 유혹, 외눈박이 거인 키클롭스와 죽음의 소용돌이, 머리 여섯 달린 괴물을 상대해야 했다. 7년 동안 포로 신세가 되는가 하면, 포세이돈의 진노 때문에 고난을 당하기도 했다. 그 사이 이타카에서는 그의 정적들이 그의 왕국과 아내를 차지하기 위해 음모를 꾸미고 있었다.

오디세우스는 어떻게 이런 상황을 극복했을까? 이 영웅은 그 모든 난관에도 불구하고 어떻게 고향으로 돌아갔을까?

핵심은 물론 창의력이다. 지혜와 리더십, 원칙과 용기도 무시할 수 없다. 그러나 그 무엇보다 중요한 것은 바로 인내심이었다.

목마를 이용한 작전이 성공하기 이전, 온갖 노력을 기울이며 트로이 성문 앞에 서 있던 오디세우스를 지탱한 것도 바로 그 인내심이었다. 하나의 문제점이 해결되기까지 모든 것을 거기에만 집중하는 노력이다.

하지만 시련과 고난으로 점철된 10년 세월, 그 숱한 실의와 오류에도 굴하지 않고 인내심을 발휘하기란 쉬운 일이 아니다. 매일같이 마음을 다잡으며 조금씩 다가선 고향, 그러나 정작 고향에 도착하니 또 다른 문제들이 무수히 산적해 있다. 고향으로 돌아가기 위해서는 신이 내리는 벌까지도 감수하겠다는 강철 같은 의지와 용기가 필요했다. 그것은 단순히 끈기라는 표현만으로는 부족하다. 그래서 그것을 인내라고 부른다.

문제를 해결하기 위해 강철 같은 의지로 무장한 채 포기하지 않고 노력하는 것을 끈기라고 한다면, 세상에 끈질긴 사람들은 얼마든지 있다. 그러나 인내는 그와는 조금 차원이 다른 문제다. 일단 거기에는 아주 긴 싸움이라는 의미가 내포되어 있다. 1라운드와 2라운드로 끝나는 게 아니라 그 이후에 이어지는 제2, 제3의 싸움까지 모두 포괄한다.

독일어의 Sitzfleisch라는 단어가 여기에 잘 어울린다. 굳이 말하자면 지속력을 의미한다. 싸움이 완전히 끝날 때까지 엉덩이를 떼지 않고 결국 승리를 거두는 힘이다.

인생은 하나의 장애물이 아닌 여러 가지 수많은 장애물로 점철된다. 따라서 하나의 문제를 해결하기 위해 단기전으로 힘을 집중하는 것이 아니라, 가야 할 곳에 도달하기 위해 그 무엇도 우리를 멈출 수 없다는 단호한 의지가 필요하다.

목적지에 도달하기까지는 모든 장애물을 돌파해야 한다. 끈기는 행동이다. 인내는 의지의 문제다. 하나는 에너지고, 또 하나는 지구력이다. 이 두 가지는 서로 밀접한 관련이 있다.

테니슨의 표현을 살펴보자.

시간과 운명이 우리를 약하게 만들어도
우리의 의지를 꺾지는 못한다.
노력하고, 찾고, 추구하되, 결코 포기하지 말라.

고집과 끈기. 누군가는 스토아 철학 전체를 '고집과 저항'이라는 말로 요약했다.

인류의 역사를 통틀어 개인으로서, 또한 집단으로서의 우리에게 영향을 미치는 무수한 문제들을 극복하기 위한 많은 전략들이 탄생했다. 때로는 기술이, 때로는 폭력이, 또 때로는 모든 것을 바꿔놓을 만큼 급진적인 사고방식이 그 해결책 역할을 했다.

그런 사례들을 얼마든지 찾아볼 수 있다. 그러나 하나의 전략이 나머지 모든 전략보다 더 효과적이라면, 거기에 의존할 수밖에 없다. 이 전략은 상황의 좋고 나쁨, 위험의 강도, 희망의 유무를 가리지 않는다.

세계 일주에 나선 마젤란의 조수 안토니오 피가페타(Antonio Pigafetta)가 자기 보스의 가장 위대하고 존경스러운 기술이 무엇이냐는 질문을 받았을 때, 과연 그의 대답은 어떠했을까? 항해술과는 아무 관계도 없었다. 피가페타는 마젤란의 성공 비결로, 배고픔을 다른 사람들보다 더 잘 견디는 능력을 꼽았다.

세상에는 객관적인 외부 사건보다 의지의 붕괴로 실패를 경험하는 사람들이 훨씬 더 많다. 인내. 목표 의식. 불굴의 의지. 한때는 미국인들의 DNA 속에 이런 특징들이 굳건히 자리 잡고 있었다. 하지만 언제부터인가 변화가 생겼다. 에머슨은 1841년에 이런 글을 썼다.

우리 젊은이들은 첫 번째 시도에서 좌절을 경험하면 열정을 잃어 버린다. 젊은이가 장사를 하다가 실패하면 사람들은 그가 망했다고 수군거린다. 최고의 천재가 대학에서 공부를 한 뒤 1년 이내에 보스턴이나 뉴욕 같은 도시나 그 외곽에서 번듯한 사무실을 차지하지 못하면, 친구들은 물론 본인 자신도 크게 낙담하여 평생을 두고 불평만 쏟아낸다.

에머슨이 지금의 우리를 보았다면 뭐라고 할까?

우리는 일이 뜻대로 풀리지 않으면 엄살을 부리거나 불평을 늘어놓거나 혹은 깊은 좌절감을 느낀다. '약속된' 미래가 펼쳐지지 않으면 실의에 빠진다. 마치 그런 일은 절대 있을 수 없다는 식이다. 문제를 해결하려고 노력하는 대신, 집에 가만히 앉아 비디오 게임을 하거나 여행을 다니거나 심지어는 또 학비를 빌려 학교로 돌아간다. 그 빚은 누구도 대신 갚아주지 않는다. 그러고는 왜 사정이 나아지지 않는지 의아해 한다.

이 대목에서 다시 한 번 에머슨의 말에 귀를 기울여보자. 한 가지 일에 집중하기보다는 "모든 직업을 기웃거리는 사람들이 있다. 목축, 농업, 소매, 학업, 설교, 신문 편집, 정치, 부동산, 그 밖에 온갖 일을 시도한 끝에 결국은 성공을 움켜쥐는 사람들이다."

이것이 바로 인내다. 에머슨은 이런 인내가 "스스로에 대한 믿음과 결합되면 새로운 힘이 생긴다"라고 썼다. 참된 인내는 죽음을 제외한 그 무엇도 멈춰 세울 수 없다. 이번에는 베토벤의 말을 들어보자. "재능과 근면을 유도하는 것 이상의 장벽이란 존재하지 않는다. 딱 거기까지, 그 이상은 아니다."

장애물이 나오면 돌아갈 수도, 밑으로 빠져나갈 수도, 뒷걸음질을 칠 수도 있다. 관성과 패배가 꼭 서로 배타적인 것이라고 생각할 필요는 없다. 어떤 한 방향이 막혔다 해도 전진을 계속할 수 있기 때문이다.

외부의 조건이 우리의 행동은 통제할 수 있지만 그 무엇도 우리의 의지를 통제하지는 못한다. 계획(심지어는 몸의 건강)은 망가질 수 있다. 그러나 마음속 깊이 뿌리 내린 믿음은 어떠한가? 아무리 많은 실패를 거듭하더라도 한 번 더 시도해볼 힘과 용기를 내는 것은 우리 자신의 몫이다. 이번에는 다른 길을 시도해볼 수도 있다. 정 안 되면 현실을 받아들이고 새로운 목표를 정하는 것도 방법이다.

가만히 생각해보면 그 무엇도 우리의 결심을 꺾지 못한다는 것을 알수 있다. 처칠이 말하는 KBO, 즉 "끝까지 물고 늘어져라(Keep Buggering On)"를 막을 수 있는 것은 죽음밖에 없다.

실망? 그럴 시간이 어디 있나? 당신이 계속 나아가기를 바라는 사람이 얼마나 많은데.

우리는 장애물, 혹은 장애물을 설치한 사람을 통제할 수 없다. 그러나 우리 자신은 통제할 수 있다. 그것만으로 충분하다. 우리의 결심을 위협하는 가장 큰 적은 '우리에게 일어나는 일'이 아니라 바로 우리 자신이다. 당신은 당신 자신의 가장 큰 적이 되고 싶은가?

절대로 인내심을 잃어서는 안 된다.

개인의 차원을 넘어서라

공동체의 이익을 위하여 무엇을 행한 적이 있는가?
그렇다면 그로 인해 덕을 본 사람은 당신 자신이다.

- 마르쿠스 아우렐리우스 -

미국 해군 소속의 조종사 제임스 스톡데일(James Stockdale)은 1965년
북 베트남에서 자신의 전투기가 격추되는 비운을 겪었다. 비상 탈출 직
후 지상으로 떨어지는 그 짧은 시간 동안, 그는 자신을 기다리고 있을
운명을 곰곰이 생각해보았다. 포로가 될 것이 분명했다. 고문을 당할
가능성도 아주 높았다. 결국 이렇게 죽음을 맞이할 수도 있을 듯했다.
앞으로 그의 목숨이 얼마나 갈지, 죽기 전에 가족을 만나거나 고향으로
돌아갈 수 있을지 아무도 예측할 수 없는 상황이었다.

그러나 스톡데일이 지상에 도달한 순간, 그런 생각은 눈 녹듯이 사라
졌다. 자기 자신을 걱정할 여유가 없었던 것이다. 그에게는 임무가 있

었다.

그보다 10년 전 한국전쟁 때 개인적인 생존 본능이 문제를 초래한 사례가 있었다. 춥고 험한 포로수용소에 억류된 미국인 병사들은 오로지 목숨을 보전하는 것이 급선무였다. 극도의 공포에 사로잡힌 병사들이 살아남기 위해 탈출을 시도하는 게 아니라 서로 싸우거나 심지어 동료를 죽이기까지 하는 사례가 빈발했다.

스톡데일은 이 일을 떠올렸다. 계급이 중령이던 그는 북 베트남에 억류된 포로 중에서 자신보다 계급이 높은 사람은 없을 것이라고 생각했고, 따라서 자신의 운명에 대해 스스로 할 수 있는 일이 없음을 잘 알고 있었다. 그러나 계급이 계급이니만큼, 리더십을 발휘해 함께 갇힌 포로들(그중에는 훗날 상원의원이 된 존 매케인도 포함되어 있었다)을 돕고 방향을 제시해야 한다고 생각했다. 어떻게든 한국전쟁 때의 역사가 되풀이되지 않도록 변화를 일으켜야 했다. 부하들을 돕고 인도하는 것, 그것이 그의 사명이었다. 그로부터 7년 동안(그 가운데 2년은 족쇄를 차고 독방에 갇혀 있어야 했다) 그는 한시도 그런 사명을 잊은 적이 없었다.

스톡데일은 지휘관으로서의 임무를 가벼이 생각하지 않았다. 한번은 자살을 시도하기까지 했는데, 이것 역시 본인의 고통을 끝내기 위해서가 아니라 적에게 경종을 울리기 위해서였다. 이 전쟁에 목숨을 바친 병사들이 한둘이 아니었다. 스톡데일은 그들을 욕되게 하고 싶지 않았고, 고문에 못 이겨 적을 이롭게 하는 도구로 전락할 수는 없다고 결심했다. 동료에게 피해를 주기보다는 차라리 자신이 고통당하는 것이 낫다고 생각했다. 실제로 어떤 육체적 위해도 그의 결심을 돌려놓을 수 없다는 사실을 행동으로 입증해 보였다.

그러나 그는 인간이었다. 부하들 역시 마찬가지라는 사실을 잘 이해하고 있었다. 그가 제일 먼저 한 일은 몇 시간에 걸친 고문과 함께 정보를 자백하라는 강요를 받았을 때 군인에게 어떤 일이 벌어질지에 대한 환상을 깨뜨리는 일이었다. 그래서 수용소 내부에 연락망을 만들어 결국 고문에 굴복한 병사들을 돕기 시작했다. '우리는 혼자가 아니다.' 스톡데일은 틈틈이 그 점을 강조했다. U.S.(Unity over Self, 자아를 넘어선 단합)라는 표어를 전파하기도 했다.

멀지 않은 감방에 수용되어 있던 존 매케인 역시 똑같은 이유로 말로 표현하기조차 힘든 고문을 견뎌낼 수 있었다. 가문과 미국의 영광에 흠집을 내기 위해 베트콩은 집요하게 매케인에게 동료를 버리고 고향으로 돌아갈 수 있는 기회를 주겠다고 회유했다. 매케인은 특별 대우를 거부했다. 개인적인 이익을 위해 대의를 저버릴 수 없었던 것이다. 결국 그는 수용소에 남아 고문을 견디는 쪽을 선택했다.

이 두 사람은 명분에 목숨을 거는 광신자는 아니었다. 베트남 전쟁에 대한 나름의 의구심을 지닌 인물들이었다. 하지만 그들의 명분은 동료에 대한 것이었다. 그들은 본인보다는 동료들을 먼저 생각함으로써 커다란 힘을 끌어낼 수 있었다.

다행히도 지금 우리는 조만간 포로수용소에 갇히는 신세가 될 확률이 그리 높지 않다. 하지만 우리도 경제적으로는 커다란 시련을 겪고 있다. 때로는 극심한 좌절감이 몰려올 때도 있을 것이다.

우리는 젊고, 이런 위기를 초래한 주범도 아니며, 우리의 잘못 때문에 어려움이 닥친 것도 아니다. 우리는 모두 비슷한 처지다. 그래서 남은 물론이고 자기 자신에 대해서조차 이성적인 사고를 상실하기 쉽다. '남들이 어찌 되건 신경 쓰지 않는다, 더 늦기 전에 내 살 길부터 찾아야 한다'는 생각이 그것이다.

위기가 닥쳤을 때, 지도자라는 사람들이 그런 모습을 보여주면 나머지도 똑같은 사고방식에 젖어들게 된다. 그러나 그래서는 안 된다. 그런 지도자라면 무시해도 좋다. 위기가 닥칠수록 우리는 우리의 참된 의지력을 보여주어야 한다.

금융 위기가 한창이던 몇 년 전, 화가이자 음악가인 헨리 롤린스(Henry Rollins)는 지난 수천 년 동안 선보인 어떤 종교적 교의보다도 더 감동적으로 인간의 책임을 설파했다.

사람들은 조금씩 실의에 빠져든다. 아마도 그들은 당신에게 최고의 모습을 보여주지 못할지도 모른다. 당신은 당신이 좋아하지 않는 사람이 되기 위해 스스로를 낮출 필요가 없다. 도덕적 시민 의식이라는 중추를 갖추기에 지금보다 더 적당한 시기는 없다. 도덕적 시민으로서 방향을 새롭게 설정해야 한다. 지금은 당신 같은 젊은이가 영웅이 될 수 있는 절호의 기회다.

남에게 초점을 맞추고 도움의 손길을 내밀거나, 적어도 좋은 선례만 보여주어도 자신의 두려움과 어려움은 크게 줄어든다. 더 이상 두려움이나 상심에 빠져 허비할 시간이 없다. 뚜렷한 목표 의식을 공유하는 것만으로도 힘이 생긴다.

포기하거나 원칙과 타협하고 싶은 유혹을 느낄 때, 그런 결정으로 영향을 받을 사람들을 생각하면 자신이 더없이 이기적으로 느껴진다. 앞에 가로놓인 장애물 때문에 권태와 증오, 좌절과 혼란이 생긴다고 해서 다른 사람들도 다 그렇다는 법은 없다.

이따금 개인적으로 도저히 해결할 수 없는 문제에 봉착할 때, 새로운 기회를 만들어낼 수 있는 방법 중 하나는 '내가 스스로 이 문제를 해결할 수 없다면, 적어도 남들이 좀 더 쉽게 해결할 수 있도록 돕는 방법은 없을까?' 하고 생각해보는 것이다.

자신을 위해 할 수 있는 일이 하나도 없는 것이 당연하다고 한번 생각해보라. 그렇다면 이 상황이 남에게 도움이 되도록 활용할 방법은 없을까? 이 장애물에서 조금이라도 유익한 요소를 건질 수는 없을까? 나를 위해서가 아니라면, 내 가족을, 내가 이끌고 있는 사람들을, 혹은 훗날 이와 비슷한 상황에 처할지도 모를 사람들을 위해서라도?

'왜 나에게 이런 일이 벌어졌을까? 이제부터 나는 어떻게 해야 하는 것일까?' 이렇게 모든 문제를 시종일관 자신만의 것으로 끌어안고 있어서는 누구에게도 도움이 되지 않는다. 남을 생각해야 한다는 결론에 도달하면 놀랍게도 새로운 희망이 생기기 시작한다. 스톡데일처럼, 우리에게도 사명이 생긴다. 캄캄하기만 하던 암흑 속에서 우리가 해야 할 일에 대한 진격 명령이 들려온다.

오로지 나, 나, 나만을 생각해서는 점점 더 어려워지기 쉽다. 그 무엇보다도 '나'를 앞세우는 위험한 생각은 그만두어야 한다. '나'는 이렇게 했다, '나'는 너무 똑똑하다, '나'는 이것을 가졌다, '나'는 이보다 나은 대접을 받을 자격이 있다 등등. 모든 충격을 개인의 차원에서 받아들이면 외로움만 그만큼 더 커질 뿐이다. 자신의 역할, 자신의 중요성을 지나치게 과대평가한 결과다. 그보다는 '자아를 넘어선 단합'을, '우리는 혼자가 아니다'라는 생각을 해야 한다.

설령 우리가 끝까지 그 짐을 다 지고 갈 수는 없다 하더라도, 스스로 제일 무거운 쪽을 떠맡음으로써 남들에게 힘을 줄 수 있다. 남을 도움으로써 스스로를 돕는 것이다. 그래서 더 나은 사람이 되고, 새로운 목표를 이끌어낼 수 있다.

우리의 앞길에 어떤 시련과 장애물이 버티고 있건 간에, 우리는 그것을 새로운 힘의 원천으로 돌려놓을 수 있다. 나 말고 다른 사람들을 생각하면 된다. 고통받는 다른 사람들을 생각하면 자기 자신을 돌아볼 시간이 없다.

자존심은 무너질 수 있다. 아무리 강인한 사람도 한계는 있기 마련이다. 그러나 남을 돕고 싶은 열망은 어떤가? 그 어떤 시련과 고난도 그런 마음을 방해할 수는 없다. 연민이 선택 사항 중에 포함되지 않는 상황은 존재하지 않는다. 동료애도 마찬가지다. 그것이 바로 스스로 포기할 수는 있을지언정 누구도 빼앗을 수 없는 의지의 힘이다.

자신이 마주한 장애물이 아주 특별하다거나 아주 부당하다는 식의 엄살은 포기하는 편이 좋다. 아무리 힘든 시련이라 해도 특별히 당신만을 위해 선택된 불운 따위는 존재하지 않는다. 어쩌다 보니 그냥 그렇게 되었을 뿐이다.

자신에게만 닥친 불운이라는 근시안적인 생각 때문에 자기가 우주의 중심이라는 한심한 견해가 생겨난다. 실제로 우리가 경험하는 세상 너머에는 우리보다 훨씬 더 힘든 시련을 이겨내는 사람들이 가득하다. 우리는 특별하지도, 독특하지도 않은 존재다. 누구나 삶의 이런저런 단계에서 무작위적이고 때로는 이해가 불가능한 사건의 주체가 될 뿐이다. 스스로가 이런 존재라는 사실을 상기하면 조금 덜 이기적인 삶을 사는 데 도움이 된다.

10년 전, 1백 년 전, 1천 년 전에도 우리 같은 사람이, 우리와 비슷한 감정을 느끼고, 우리와 똑같은 생각을 하며 살았다는 사실을 기억해야 한다. 그 사람들은 우리가 지금 이 순간을 살아가고 있다는 사실을 알길이 없었겠지만, 우리는 그들이 존재했다는 사실을 알고 있다. 앞으로 1백 년 후, 또 누군가가 지금 우리가 서 있는 바로 이 자리를 서성일 것이다.

큰 그림 속에서 우리가 차지하는 비중을 받아들여야 한다. 사실 이것은 아주 대단한 깨달음이다. 이 깨달음에 자신을 맡겨보라. 누구나 할 수 있는 최선을 다하며 살아가는 인간일 뿐이다. 살아남기 위해 노력하며, 그 과정 속에서 이 세상을 조금씩 발전시켜간다.

옆에 있는 다른 사람들이 살아남도록, 나아가 번성을 누리도록 도와주는 일은 아주 중요하다. 그것이 우주의 품으로 돌아가기 전에 조금이라도 그 은총에 보답하는 길이다. 도움의 손길을 내밀어보라. 남을 위해 힘쓰면, 그만큼 자신도 강해진다.

언젠가 모두 죽는다는 것을 기억하라

천년만년 살 것처럼 행동하지 말라. 죽음이 지척에 있다.
살아 있는 동안, 할 수 있는 동안 선한 자가 되라.

- 마르쿠스 아우렐리우스 -

1569년 말, 프랑스의 귀족 미셸 드 몽테뉴(Michel de Montaigne)는 엄청난 속도로 질주하는 말에서 떨어져 거의 사망 선고를 받을 지경에 이르렀다. 피투성이가 되어 축 늘어진 그를 친구들이 집으로 옮겼을 때, 몽테뉴는 자신의 몸에서 생명이 빠져나가는 것을 목격했다. 마치 영혼이 자신의 입술 끝에서 서툰 몸짓으로 춤을 추는 느낌이었다. 다행히도 마지막 순간, 그는 기적적으로 의식을 회복했다.

이런 극적인 체험은 몽테뉴의 삶을 완전히 바꿔놓는 계기가 되었다. 그로부터 몇 년이 지나지 않아 그는 유럽에서 가장 유명한 작가 가운데 한 사람이 되었다. 사고 이후 몽테뉴는 수많은 수필을 썼고, 두 차례나 시장으로 봉직했으며, 외교관으로 전 세계를 여행했다.

　이런 이야기는 사실 아주 오래전부터 전해 내려온다. 죽음을 코앞에 두었던 사람이 기적적으로 살아나, 그 일을 계기로 완전히 다른 사람으로 다시 태어나는 이야기 말이다. 몽테뉴의 사례도 그 가운데 하나다. 죽음의 문턱을 밟았던 경험은 그에게 새로운 활력과 호기심을 불어넣었다. 이제 죽음은 두려움의 대상이 아니었다. 자신의 눈으로 직접 목격한 죽음은 차라리 구원에 가까웠다.

　죽음은 삶을 무의미하게 만드는 것이 아니다. 죽음은 강한 목표 의식을 심어준다. 다행히도, 이런 에너지를 끌어내기 위해 반드시 죽음의 문턱을 밟아봐야 하는 것은 아니다.

　우리는 몽테뉴의 수필을 통해 누구나 병적인 두려움에 빠지지 않고도 죽음을 명상의 주제로 삼을 수 있음을, 언젠가 죽을 수밖에 없는 숙명을 충분히 의식할 수 있음을 알 수 있다. 몽테뉴는 그 경험을 통해 자기 존재와의 관계를 정립할 수 있었고, 정말로 죽을 때까지 죽음에 대한 더할 나위 없이 명쾌하고 만족스러운 관점을 유지할 수 있었다. 이것은 우리에게 적지 않은 위안으로 작용한다. 인생의 무상함을 받아들이면 오히려 커다란 용기와 힘이 생긴다는 의미이기 때문이다.

　죽음에 대한 두려움은 우리의 삶 앞에 가로놓인 커다란 장애물 가운데 하나다. 그것이 우리의 결정과 예측, 행동을 좌우할 때가 많다. 몽테뉴의 경우, 죽음의 문턱을 밟았던 그 순간을 평생 동안 다시 끄집어내 명상할 수 있었다. 죽음을 연구했고, 죽음을 논의했으며, 다른 문화에서는 죽음이 어떤 자리를 차지하는지 공부했다. 일례로 그는 고대의 술 마시기 시합에 대해 쓴 적이 있다. 시합 참가자들은 번갈아가며 관 속에 놓인 시체가 그려진 그림을 끌어안고 "네가 죽어서 이런 모습이 될 때까지 즐겁게 마셔라"라고 소리치며 건배를 했다.

그로부터 몇 년 지나지 않아 인생의 말년으로 접어든 셰익스피어는 『템페스트』에서 "모든 제3의 생각은 나의 무덤이 되리라"라고 썼다. 모든 문화는 나름의 방식으로 이러한 교훈을 가르친다. 로마인들은 '메멘토 모리(Memento mori)'를 읊조렸다. 자신이 언젠가 죽을 수밖에 없는 존재임을 상기하기 위해서였다.

우리가 이런 사실을 잊고 사는 것도, 그래서 수시로 상기할 필요가 있는 것도 생각하기에 따라서는 좀 어색한 면이 있지만, 그래도 그렇게 해야 한다.

우리가 무언가를 받아들이는 데 많은 어려움을 겪는 이유 가운데 하나는 자기 존재와 관계가 잘못 설정되어 있기 때문이다. 겉으로는 말하지 않아도, 마음속 깊은 곳에서는 마치 영원히 죽지 않는다고 믿는 듯이 행동하는 사람들이 많다. 죽음의 고난과 시련은 나하고는 무관하다는 믿음이다. '그런 일은 다른 사람에게는 몰라도 나에게는 절대 생기지 않아'라거나 '나에게는 얼마든지 시간이 있어'라는 생각도 거기에서 비롯한다.

우리는 삶을 붙잡은 우리의 손길이 얼마나 미약한지를 잊고 산다. 그렇지 않다면 사소한 일에 집착하거나, 유명한 사람이 되거나, 평생 쓰고도 남을 정도의 돈을 벌거나, 머나먼 미래의 일에 대해 계획을 세우느라 그토록 많은 시간을 허비하지 않을 것이다. 죽고 나면 이런 것은 다 소용없는 일이 된다. 그런데도 나만은 죽음을 피할 수 있다거나, 적어도 내가 원하지 않는 죽음을 맞이하는 일은 없을 거라는 가정은 쉽사리 없어지지 않는다. 토머스 그레이(Thomas Gray)의 말처럼, 영광의 길은 무덤으로 이어질 뿐이다.

예외는 없다. 당신이 누구건, 할 일이 얼마나 많이 남았건 간에, 어디서 누군가 단돈 1천 달러를 받고, 혹은 마약 한 통 때문에, 혹은 자기 앞길에 방해가 된다는 이유로 망설임 없이 당신을 죽일지도 모른다. 교차로에서 낯선 자동차가 당신을 깔아뭉갤 수도 있다. 아주 간단히, 그것으로 모든 게 끝이다. 오늘, 내일, 언제 이런 일이 닥칠지 모른다.

좀 진부하기는 하지만 '만약 암에 걸렸다는 진단을 받는다면 삶에서 무엇을 바꿀 것인가?'라는 질문을 스스로 던져보자. 어떤 답을 내놓든 간에, 우리는 똑같은 말로 위안을 삼을 것이다. '신이시여, 내가 암에 걸리지 않아서 감사합니다.'

사실은 꼭 그렇지도 않다. 우리 모두는 이미 불치의 진단을 받아놓은 상태다. 사형 선고는 이미 내려졌다. 우리가 내일도 살아 있을 가능성은 시시각각 줄어들고 있다. 무언가 다가오고 있고, 우리는 그것을 멈출 방법이 없다. 그날이 올 때를 준비해야 한다.

우리가 통제할 수 있는 일이라면 마지막 남은 기운까지 짜내볼 가치가 있다. 그러나 죽음은 그런 성질의 것이 아니다. 먹는 것에 유의하고

심하게 무리하지 않으려 조심하는 것 말고는 얼마나 살 것인지, 어떤 일이 벌어져 우리의 목숨을 거두어갈지는 우리가 통제할 수 있는 일이 아니다. 다만 언젠가 죽을 수밖에 없는 숙명을 생각해보면, 새로운 관점과 절실함이 생기는 것도 사실이다. 그것이 반드시 우울한 일은 아니다. 오히려 새로운 활력을 얻을 수도 있다.

죽음을 거부하거나 두려워하기보다, 당당하게 죽음을 포용할 수 있어야 한다.

언젠가 죽을 거라는 사실을 매일같이 상기하다 보면 우리에게 주어진 시간이 엄청난 선물임을 깨달을 수 있다. 죽음 앞에 선 사람은 불가능한 일을 시도하거나 불평을 늘어놓느라 시간을 허비하지 않는다. 곁에 있는 사람을 당연하게 여기지 않으며, 모든 것에 감사하는 법을 깨닫는다. 또한 시간이 멈추기 전에 꼭 해야 할 일을 찾아내어 최선의 노력을 기울인다. 어떻게든 방법을 찾아내고, 마지막 순간이 오면 '조금 더 시간이 있었으면 좋았겠지만 이미 나에게 주어진 것을 가지고 많은 성과를 거두었으니 아무런 미련이 없다'라고 말할 수 있을 것이다.

죽음이 우리의 가장 보편적인 장애물이라는 사실에는 의문의 여지가 없다. 우리의 의지가 미치지 않는 영역이기도 하다. 기껏해야 마지막 순간을 조금 늦추려고 노력할 수 있을 뿐이지만, 그마저도 얼마 안 가 굴복할 수밖에 없다.

이것은 단순히 우리가 살아 있는 동안 최선을 다해야 한다는 말이 아니다. 죽음의 그림자가 드리우면 우선순위를 정하기가 한결 쉬워진다.

영광과 감사와 원칙도 마찬가지다. 모든 것이 제자리를 찾아간다. 왜 잘못을 저지르는가? 왜 두려움을 느끼는가? 왜 자신과 주위 사람들을 실망시키는가? 삶은 머지않아 끝날 것이고, 죽음이 우리를 똑바로 살라고 꾸짖을 것이다.

우리는 죽음과 화해하는 방법을 배울 수 있고, 죽음보다 힘든 것은 없다는 사실에서 위안을 찾을 수 있다. 언젠가 죽을 수밖에 없는 숙명조차도 이런 긍정적인 효과를 가지고 있다면, 우리가 마주치는 모든 장애물에서 가치를 이끌어낼 수 있지 않겠는가?

다음 라운드를 준비하라

현재의 이 시간이 너에게 선물이 되게 하라.

– 마르쿠스 아우렐리우스 –

자연의 위대한 법칙은 절대 멈추는 법이 없다는 것이다. 자연은 끝이 없다. 하나의 장애물을 무사히 극복했다고 생각하는 순간, 또 다른 장애물이 모습을 드러낸다. 인생은 그래서 재미있다. 이제 당신도 눈치를 챘겠지만, 바로 거기에서 기회가 창출된다.

삶은 난관을 헤쳐가는 과정이다. 단단하기만 한 요새를 하나하나 돌파해나가야 한다. 그때마다 우리는 무언가를 배운다. 그때마다 힘과 지혜와 통찰력을 기른다. 그때마다 조금씩 경쟁 상대가 떨어져나간다. 오로지 우리 자신, 최고로 정제된 자기 자신만이 남을 때까지.

이것을 아이티 속담은 "산 뒤에 더 많은 산이 있다"라고 표현한다. 엘리시움(영웅들이 사후에 들어간다는, 그리스 신화의 낙원 - 옮긴이)은 신화다. 우리는 장애물이 없는 세상으로 들어서려고 장애물을 극복하는 것이 아니다. 오히려, 더 많은 성취를 이뤄낼수록 더 많은 장애물이 우리 앞을 가로막을 것이다. 언제나 더 많은 장애물, 더 큰 시련이 기다린다. 언제나 가파른 오르막을 힘들게 올라가야 한다. 모진 맞바람을 헤치고 나아가야 한다. 거기에 익숙해지도록 훈련하는 수밖에 없다.

인생이란 단거리 육상이 아니라 마라톤이라는 사실을 알아야 한다. 에너지를 아껴야 한다. 한 번의 싸움은 끝없이 이어질 전투 가운데 하나일 뿐임을 인식하고, 다음 싸움이 조금 더 쉬워지도록 이번 싸움을 활용해야 한다. 더욱 중요한 것은, 그 모든 것을 제대로 바라볼 수 있어야 한다는 점이다.

하나의 장애물을 극복하면 그만큼 더 가치 있는 존재가 된다. 세상이 우리에게 쉴 새 없이 장애물을 선물하는 이유는, 우리가 감당할 수 있음을 알기 때문이다. 그때마다 우리는 점점 더 발전하니, 오히려 좋은 일이다.

조급해 하지 말라. 당황하지 말라. 언제, 어디서든 창의적으로 행동하기 위해 노력하라. 신중을 기하라. 불가능한 일을 해내려고 안달하지 말되, 조금이라도 가능성이 있으면 최선을 다해 부딪쳐라.

장애물을 거꾸로 뒤집을 수만 있으면 우리는 그로 인해 커다란 성장을 이뤄낼 수 있다. 더 이상 두려워하지 말라. 설레는 마음으로 다음 라운드를 기대하라.

장애물은 길이 된다

괴로운 일들로 고통받고 있다면 당신을 괴롭히는 것은
그 일이 아니라 그것에 대한 당신의 판단이다.
그러므로 판단을 멈추어 고통을 멈추게 하는 능력은 당신 안에 있다.

- 마르쿠스 아우렐리우스 -

통치 말년, 병들어 죽음을 앞둔 마르쿠스 아우렐리우스에게 놀라운
소식이 전해졌다. 그가 가장 신뢰하는 장군이자 오랜 친구인 아비디
우스 카시우스(Avidius Cassius)가 시리아에서 반역을 일으켰다는 소식
이었다. 노쇠한 황제가 곧 죽을지도 모른다는 소문을 들은 이 야심만
만한 장군은, 스스로를 카이사르라 칭하고 옥좌를 찬탈하기로 마음먹
었던 것이다.

소식을 접한 마르쿠스는 불같이 화를 냈어야 정상이다. 그가 복수의
칼날을 갈았다 해도 역사는 그를 비난하지 않았을 것이다. 자신과 가
족의 목숨을, 자신의 유산을 노리는 이 배신자를 처단한다고 해서 누가

그를 비난할 수 있겠는가? 그러나 마르쿠스는 카시우스가 이성을 되찾기를 기다렸을 뿐 아무런 조치도 취하지 않았다. 분노한 군사들이 섣부른 행동을 할까 봐 이 소식을 비밀에 부친 것이 전부였다.

카시우스는 끝내 마르쿠스의 기대를 저버렸다. 그러자 마르쿠스 아우렐리우스는 군사 위원회를 소집해 다소 이례적인 명령을 내렸다. 카시우스의 근거지로 진격해 '최고의 전리품'을 가져오라는 명령이었다. 마르쿠스답게, 이 전리품은 통상적인 의미와는 사뭇 다른 것이었다. 카시우스를 생포하기 위해 노력하되, "잘못된 선택을 한 자를 용서하고, 우정을 배신한 자의 우정을 유지하며, 충절을 깨뜨린 자의 충절을 되살리는 것"이 그가 말한 전리품이었다.

마르쿠스는 군대를 로마로 보내 흥분한 군중을 진정시키고 반드시 해야 할 일, 즉 위기를 극복하고 제국을 수호하라는 명령을 내렸다.

그는 분노에 눈이 멀지 않았을뿐더러 이전에도 그랬듯 이 시련을 성장과 배움의 기회로 삼았다. 그가 부하들에게 말했듯이, 원하지 않았던 이 끔찍한 사태에서 얻을 혜택이 있다면 그것은 "상황을 원만히 수습해 만백성에게 내전에 대처하는 데에도 올바른 길이 있다는 사실을 보여주는" 것이었다. 장애물이 길로 변하는 순간이다.

아무리 좋은 의도로 마련된 계획이라 해도 타인의 방해로 곤란을 겪는 경우가 많다. 그로부터 석 달 후, 어느 자객이 이집트에서 카시우스를 암살하여 이 두 사람의 운명은 커다란 반전을 맞이하게 된다. 제국을 손아귀에 넣겠다던 카시우스의 야심이 허무한 종말을 맞고 말아,

배신자를 용서하겠다던 마르쿠스의 바람마저 수포로 돌아갔다.

그러나 이런 일련의 과정은 또 다른 기회를 가져다주었다. 훨씬 더 높은 차원의 용서를 실천에 옮길 기회가 마련된 것이다. 스토아 철학은 불의 비유를 좋아한다. 마르쿠스 역시 "불길이 강력해지면 자신이 연료로 삼는 물질을 매개로 더욱 세력을 키워간다"라는 글을 남긴 바 있다. 정적의 예기치 못한 죽음으로 자비를 베풀 기회를 상실했지만, 이것이야말로 불의 비유가 현실로 나타난 사례였다. 마르쿠스는 반역에 가담한 모든 관련자를 용서했다. 그 무엇도 개인적인 차원으로 받아들이지 않았다. 덕분에 그는 더 나은 인간, 더 나은 지도자가 될 수 있었다.

카시우스가 죽은 직후 반역의 현장을 둘러본 마르쿠스는 역모를 꾸민 자들을 처형하라는 건의를 묵살했다. 반역에 가담하거나 지원을 약속한 원로나 총독을 단 한 명도 처벌하지 않았다. 다른 원로들이 반역자들을 처단해야 한다고 목청을 높였지만 마르쿠스의 뜻은 흔들리지 않았다. "간청하노니, 나의 통치가 원로들의 피로 얼룩지지 않게 하라. 그런 일은 절대 벌어지지 않을 것이다."

장애물은 길이 된다. 영원히.

마르쿠스는 『명상록』에서 이렇게 말했다. "나에게 그런 일이 닥친 것은 커다란 불행이었다." 그러나 그는 곧이어 생각을 수정했다. "아니다. 나에게 그런 일이 닥친 것은, 그러고도 두려움에 흔들리지 않고 무사히 살아남은 것은 커다란 '행운'이었다. 그런 일은 누구에게나 닥칠 수 있다. 그러나 누구나 무사히 살아남을 수 있는 것은 아니다." 물론 누군가 무기를 들고 우리의 왕좌를 빼앗기 위해 덤벼들 가능성은 별로 크지 않다. 이왕이면 생사를 좌우할 장애물은 만나지 않는 편이 좋겠지만, 사람 일은 모른다. 공들여 일군 사업체를 무너뜨리려는 경쟁업체가 나타날지도 모르고, 시장이 붕괴하거나 그 밖의 어떤 사태가 터질지 알 수 없다. 상처를 안기고, 주저앉히려 하는 세력도 있을 것이다. 호된 시련이 닥칠지도 모른다.

우리는 이런 상황조차도 우리의 장점으로 바꿔놓을 수 있다. 언제나. 바로 이것이 기회다. 언제나. 그 기회를 통해 평소 같으면 꿈도 꾸지 못했을 일이 현실이 될 수도 있다.

만약 마르쿠스의 경우처럼 선택 가능한 유일한 옵션이 다른 누군가의 탐욕이나 권력욕 때문에 좋은 사람이 되는 것, 용서의 정신을 실천하는 것밖에 없다면 어떨까? 사실 그것도 그리 나쁘지 않은 선택이다.

이미 여러분도 알아차렸겠지만, 이 책에 소개된 모든 일화들에서 공통적으로 보이는 패턴이 바로 이것이다. 무언가 어떤 이의 앞길을 가로막는다. 그 사람은 겁먹지 않고 지그시 장애물을 응시한다. 그러고는 문제를 해결하거나 약점을 보완하기 위해 정신적으로, 육체적으로 자신이 가진 모든 것을 쏟아붓는다. 비록 매번 의도한 대로, 혹은 예측한 대로 장애물을 극복하지는 못하지만, 그때마다 조금씩 더 강하고 슬기로워진다. 그의 앞길을 가로막았던 장애물이 길로 변한다. 행동을 방해하는 요소로 작용했던 것이 오히려 더 큰 발전의 계기로 작용한다.

실로 뿌듯하고 감동적인 이야기가 아닐 수 없다. 우리도 우리 자신의 삶에 이런 기술을 도입해야 한다. 똑같은 장애물을 앞에 두고도 모든 사람이 그것을 장애물로 인식하고 좌절감을 느끼지는 않는다. 오히려 정반대의 관점을 가진 사람도 있다. 그들은 문제점 속에 이미 해결책이 내재되어 있다고 생각한다. 그래서 스스로를 시험하고 발전시킬 기회로 삼을 수 있다. 그 무엇도 그런 사람의 앞길을 가로막을 수는 없다. 모든 것이 길잡이 역할을 한다.

이왕이면 이런 식으로 장애물을 바라보는 것이 훨씬 낫지 않을까? 이런 접근 방법은 대부분의 사람들이 선택한 방식과 전혀 다르게, 아주 가볍고 유연하다. 남들처럼 실의와 후회와 좌절의 늪에서 헤맬 필요가 없다.

살면서 아무리 안 좋은 일이 벌어져도 그것을 혜택으로 승화시킬 수만 있으면, 다시 말해 패배를 승리로 돌려놓을 수만 있으면 후회가 아니라 감사한 마음으로 받아들일 수 있다.

운명이 우리에게 꼭 치명적인 충격만 안겨주는 건 아니다. 그만큼 손쉽게 자유를 안겨줄 수도 있다. 운명에서 혜택을 얻는 사람들만 따로 다니는 특수학교 같은 것은 없다(대부분 스토아 철학이 가르쳐주는 지혜에 익숙하다는 점을 제외하면). 우리가 하지 못하는 특별한 재주를 그들이 부리는 것도 아니다. 단지 그들은 누구나 가지고 있는 것의 봉인을 풀었을 뿐이다. 역경과 시련의 도가니 속에서 시험을 받고 단련된 그들은 인식과 행동, 그리고 의지의 강력한 힘을 알고 있다.

그들은 이 3대 요소를 통해

첫째, 있는 그대로 객관적으로 본다.
둘째, 시의적절하게 행동한다.
셋째, 있는 그대로의 세상을 감수하고 받아들인다.

사물을 있는 그대로 인식하고, 모든 옵션을 샅샅이 살핀 뒤, 대지에 굳건하게 발을 딛고 서서 바뀔 수 없어 보이는 것을 바꾼다. 모든 결론은 하나로 이어진다. 우리의 행동은 우리의 인식을 무시하거나 통제할 수 있는 자신감을 가져다준다. 우리는 행동으로 의지를 입증하고 지원한다.

철학자이자 작가인 나심 니콜라스 탈레브는 스토아 철학자를 "두려움으로 신중함을, 고통으로 변신을, 실수로 주도권을, 욕망으로 약속을 만드는" 사람이라고 정의했다. 이는 시간이 갈수록 점점 쉬워지는 선순환이다.

혹시나 해서 하는 이야기지만, 이 모든 것을 한 번에 해결해야 된다는 이야기는 아니다. 라틴어에는 Vires acquirit eundo라는 말이 있다. '가면서 힘을 모은다'라는 뜻이다. 이것이 우리의 좌우명이다.

앞의 세 가지 원칙에 숙달되면 어떤 장애물도 거꾸로 뒤집을 수 있는 도구가 생기는 셈이다. 모든 시련은 그 나름의 가치를 가지고 있다.

물론 이 책을 읽거나 이렇게 떠들고 다닌다고 해서 문제가 해결되는 것은 아니다. 완전히 몸에 밸 때까지 부단히 연습하고 마음속으로 되짚어보아야 한다. 그래야 시련과 고난 속에서도 더 강해지고 더 나은 인간, 더 나은 지도자, 더 나은 사상가가 될 수 있다. 어차피 그런 시련과 고난은 닥치기 마련이다. 절대 당신만 피해가지 않는다.

하지만 걱정할 필요는 없다. 이제 당신은 장애물과 역경의 삶을 돌파할 준비를 갖추고 있다. 그것들을 어떻게 처리할지, 어떻게 장애물을 치우고 거기에서 혜택을 이끌어낼지 알고 있다. 과정을 이해하면 된다.

당신은 자신의 인식과 느낌을 관리하는 방법을 배웠다. 록펠러처럼 극심한 부담 속에서도 이성을 유지할 수 있고, 모욕과 학대에 면역력이 생겼다. 아무리 암울한 상황이라 해도 기회를 발견할 수 있다.

당신은 강력한 열정과 인내심으로 자신의 행동을 제어할 수 있다. 데모스테네스처럼 당신도 스스로를 가르치고, 불리한 상황을 극복하고, 이 세상에서 차지하는 자신의 위치와 소명을 추구하여 스스로에 대한 책임을 져야 한다.

당신은 한 치의 흔들림도 없는 강철 같은 의지의 소유자다. 링컨과 마찬가지로, 당신도 인생이 시련의 연속임을 안다. 쉽지는 않겠지만 당신은 모든 것을 쏟아부어 인내하고 타인을 도울 준비가 되어 있다.

그 밖에도 언급할 인물은 수없이 많지만, 그들은 하나같이 비슷한 문제점과 장애물을 경험했다. 그들이 그런 상황을 돌파할 수 있었던 데에는 스토아 철학이 커다란 도움이 되었다. 그들은 인생이 던진 숙제들을 차분히 극복해냈고, 덕분에 성공적인 삶을 누릴 수 있었다.

그들이 우리보다 더 뛰어난, 특별한 능력을 가지고 있어서 그런 것이 아니다. 그들이 한 일은 아주 단순하다.(단순하다고 해서 쉽다는 뜻은 아니다.) 우리도 한 번 더 정리를 해보자.

사물을 있는 그대로 바라보라.

지금 상태에서 할 수 있는 일을 하라.

반드시 해야 하는 일이라면 감내하고 인내하라.

길을 가로막은 장애물은 새로운 길이 된다.

행동을 방해했던 것들이 이제 행동을 한 단계 끌어올린다. 장애물은 길이 된다.

당신은 이제 철학자가 되었다. 축하한다.

당신은 이제 마르쿠스 아우렐리우스와 카토, 세네카와 토머스 제퍼슨, 제임스 스톡데일과 에픽테토스, 시오도어 루스벨트와 조지 워싱턴, 그 밖의 많은 위인들과 동급이 되었다.

그들이 하나같이 스토아 철학을 공부하고 실천한 사람들이라는 사실은 익히 알려져 있다. 그들은 학자가 아니라 행동하는 사람들이었다. 마르쿠스 아우렐리우스는 역사상 가장 강력한 제국의 황제였다. 많은 철학자들의 도덕적 모범이 되는 카토는 단 한 줄의 글도 쓰지 않았지만 영웅적인 죽음을 맞이할 때까지 스토아 철학의 정신으로 용감하게 로마를 지켰다. 탁월한 웅변가였던 에픽테토스는 편안한 자리에 안주한 적이 없다. 그는 노예 출신이었으며, 세네카와 마찬가지로 무시무시한 네로의 통치를 견뎌낸 인물이다.

프리드리히 대제는 스토아 철학의 주옥같은 명저들을 말의 안장 속에 넣고 다녔다고 하는데, 본인의 표현을 빌리면 이 책들이 "불행 속에서 당신을 지탱해주기" 때문이라고 했다. 정치가이자 수필가였던 몽테뉴는 대부분의 시간을 보내는 서재의 대들보에 에픽테토스의 문구를 새겨놓았다. 조지 워싱턴은 열일곱 살 때 이웃 사람을 통해 스토아 철학을 접한 뒤, 밸리 포지에서 그 암울한 겨울을 보내는 동안 부하들에게 동기를 부여하려고 카토를 소재로 한 연극을 만들었다.

　토머스 제퍼슨이 숨을 거두었을 때, 그의 침대맡에는 세네카의 책이 놓여 있었다. 경제학자 애덤 스미스(Adam Smith)는 마르쿠스 아우렐리우스의 저서를 번역한 선생님 밑에서 스토아 철학을 공부한 학창 시절의 영향으로 세상의 상호 연관성, 즉 자본주의에 대한 이론을 정립했다. 〈민중을 이끄는 자유의 여신〉으로 유명한 프랑스 낭만주의 화가 외젠 들라크루아(Eugéne Delacroix)는 스토아 철학을 자신의 마음을 달래주는 "위로의 종교"라고 불렀을 만큼 열렬한 추종자였다. 역시 노예 출신으로 황제에게 도전했던 투생 루베르튀르는 에픽테토스의 저서를 읽고 깊은 감명을 받았다. 정치사상가 존 스튜어트 밀(John Stuart Mill)은 그 유명한 『자유론』에서 마르쿠스 아우렐리우스와 스토아 철학을 "고대인의 가장 고귀한 윤리적 산물"이라고 표현했다.

　마크 트웨인이나 H. L. 멩켄과 동시대 인물이자 남북전쟁에 참전해 훈장까지 받은 작가 앰브로스 비어스(Ambrose Bierce)는 세네카와 마르쿠스 아우렐리우스, 에픽테토스 등을 언급하며 그들을 통해 "신들의 식탁에서 주목받는 손님이 되는 법"을 배웠다고 했다. 시오도어 루스벨트는 대통령 임기를 마친 뒤 8개월에 걸쳐 아마존의 미지의 밀림을 탐험했는데(하마터면 목숨을 잃을 뻔했다), 그때 가져간 책 여덟 권 가운데 마르쿠스 아우렐리우스의 『명상록』과 에픽테토스의 『편람』이 포함되어 있었다.

단체교섭이라는 개념을 처음 만든 영국의 사회개혁가 비어트리스 웨브(Beatrice Webb)는 회고록에서 『명상록』을 "헌신의 교과서"라고 표현한 바 있다. 미국 남부에서 정치가, 문필가, 농장주 집안으로 이름을 떨치며 1927년 홍수 때 수천 명의 목숨을 건진 것으로 알려진 퍼시 일가(르로이 퍼시는 상원의원을 지냈고, 윌리엄 알렉산더 퍼시는 『제방 위의 등불』을, 워커 퍼시는 『영화 보러 가는 사람』을 썼다)는 스토아 철학의 열렬한 추종자로 널리 알려져 있다. 그들 가운데 한 사람이 "모든 것을 잃을 때 더 빨리 일어설 수 있다"라는 글을 쓴 것도 우연이 아니다.

은행가이자 사업가이자 상원의원이었던 로버트 헤일 아이브스 고더드(Robert Hale Ives Goddard)는 1908년 브라운 대학에 마르쿠스 아우렐리우스가 말을 타고 있는 조각상을 기증했다. 그로부터 80여 년이 지난 뒤, 소련의 반체제 시인이자 정치범으로 수감 생활을 한 조지프 브로드스키(Joseph Brodsky)는 로마에 있는 이 조각상의 원본을 자신의 유명한 에세이에 언급했다. "『명상록』이 고전이라면 우리는 퇴물이다." 브로드스키와 마찬가지로 제임스 스톡데일 역시 본인의 의지와 무관하게 베트콩의 포로수용소에서 정확하게 7년 반의 세월을 갇혀 지냈다. 그는 추락하는 본인의 전투기에서 탈출하며 혼자서 이렇게 중얼거렸다고 한다. "나는 지금 기술의 세계를 떠나 에픽테토스의 세계로 들어서고 있다."

요즘도 빌 클린턴은 해마다 마르쿠스 아우렐리우스를 읽고 또 읽는다. 중국 총리를 지낸 원자바오는 여행을 떠날 때마다 꼭 챙기는 책 두 권 가운데 한 권이 『명상록』이라며, 지금까지 이 책을 1백 번 이상 읽었다고 한다. 베스트셀러 저자이자 투자자 팀 페리스(Tim Ferriss)는 스토아 철학을 자신의 "운영체제(OS)"라고 표현한다. 그는 선배들의 전통을 살려 스토아 철학의 정신을 실리콘 밸리에 성공적으로 정착시킨 인물로 꼽힌다.

당신은 아마 스스로를 '철학자'라고 생각하지 않을지 모르지만, 그것은 앞에 언급한 대부분의 인물들도 마찬가지였다. 철학자를 어떻게 정의하건 간에, 그들이 진정한 철학자였음을 부정할 수는 없다. 당신도 마찬가지다. 당신은 행동하는 사람이다. 당신의 삶 속에는 스토아 철학의 피가 면면히 흐르고 있다. 역사를 통틀어 수많은 사람들이 직접적으로, 혹은 간접적으로 그 영향을 받았다.

철학은 읽어야 할 대상이 아니다. 늘 생각하고 쓰고 얘기하고 가르치고 적용해야 할 것이다. 철학의 핵심은 행동이다. 우리의 마음을 이용해 장애물을 거꾸로 뒤집는 능력이다. 우리 앞에 닥쳐온 문제점의 본질과, 그 전후 관계를 이해하는 능력이다. '철학적으로' 사고하고, 그에 따라 행동하는 능력이다.

나는 이 책을 통해 수많은 사람들이, 심지어는 본인도 모르는 사이에 스토아 철학을 체화하고 실천했다는 사실을 보여주고자 했다. 그들은 작가도, 웅변가도 아니었다. 당신과 마찬가지로 행동하는 인간일 뿐이었다.

오랜 세월을 두고 서서히, 스토아 철학을 자기계발의 일종으로 격하하는 학자들이 교묘하게 숨기거나 추상화한 탓에 이런 지혜가 우리에게서 멀어져갔다. 그들은 '삶의 고난과 난관을 돌파하는 운영체제'라는 철학의 참된 용도를 폐기해버렸다.

철학은 교실에서 완성되지 않는다. 오히려 인생이라는 전쟁터에서 배울 수 있는 교훈에 가깝다.

에픽테토스의 명저 『편람』은 라틴어로 Enchiridion이라 불리는데, 이는 '손에서 가깝다' 즉 '핸드북'이라는 뜻이다. 철학이란 바로 이런 것이다. 손 안에 있어야 하는, 우리의 외연이다. 공격에 맞서는 방어무기이자 크고 작은 상황에 활용하는 도구이다. 한 번 읽고 책꽂이에 처박아두는 책이 아니다. 마르쿠스의 말처럼, 철학은 우리를 펜싱이 아닌 복싱의 세계로 안내한다. 무기를 버리고 주먹을 쥐어야 한다.

여러분이 그런 교훈으로 무장하는 데 이 책이 조금이나마 도움이 되었으면 좋겠다. 이제 여러분은 철학하는 사람이자 행동하는 사람이 되었다. 그 두 가지는 절대 모순되는 개념이 아니다.

스토아 철학은 후세 학자들이 쓴 어떤 책보다 그 원전이 명료하고 읽기 쉬운 유일한
'철학'이다. 이는 누구나 이 분야로 뛰어들어 직접 원전을 읽을 수 있다는 점에서 상
당히 고무적인 일이다. 나는 누구나 이 저술가들의 저서를 읽어낼 수 있다고 굳게 믿
는다. 다음은 특정한 번역본, 그리고 함께 읽어볼 만한 참고 도서들의 목록이다.

『명상록Meditatons』 (마르쿠스 아우렐리우스)

모던 라이브러리에서 그레고리 헤이즈가 번역한 마르쿠스 아우렐리우스는 정말 훌
륭한 책이다. 안타깝게도 다른 번역본들은 크게 못 미친다. 그레고리 헤이즈의 번역
본에는 부담스러운 고어체가 전혀 없고, 아름답고 매혹적인 문장들이 가득하다. 나
는 지금까지 과장 안 보태고 수천 명의 사람들에게 이 책을 추천했다. 당신의 인생이
바뀔 것이다.

『스토아 학파 서한집Letters of a Stoic』 (세네카)

스토아 철학에 입문하려면 세네카나 마르쿠스에서 출발하는 것이 가장 좋다. 세네
카는 알고 지내면 아주 재미있는 양반이었을 것 같은데, 스토아 철학자 중에서는 그
런 느낌을 주는 사람이 거의 없다. 『짧은 인생에 대하여』 (짧은 에세이 모음집)를 먼
저 읽고 서한집(사실 진짜 편지라기보다는 에세이에 가깝다)으로 넘어갈 것을 추천
한다.

『담화록Discourses』(에픽테토스)

에픽테토스는 스토아 철학의 '빅 3' 중에서 제일 설교조에 가깝고 제일 재미가 없는 인물로 알려졌지만, 가끔씩 정신이 번쩍 들 만큼 명쾌하고 심오한 가르침을 전해주기도 한다.

이상은 내가 이 책을 쓰면서 인용한 판본이기도 하다.

그 밖의 저서와 저자들

현대의 위대한 스토아 철학자는 피에르 아도(Pierre Hadot)다. 스토아 철학을 연구하는 다른 학자들이 대부분 핵심을 놓치거나 쓸데없이 난해한 반면, 아도의 해석은 아주 명쾌하다. 그가 마르쿠스 아우렐리우스를 재해석한 『내면의 성채(The Inner Citadel)』는— 마르쿠스는 우주를 체계적으로 설명하는 글을 쓴 것이 아니라 지극히 실질적인 실천법을 만들어 스스로 실행에 옮겼다는 의미에서— 아주 중요한 도약대가 아닐 수 없다. 아도의 또 다른 저서 『삶의 방법으로서의 철학(Philosophy as a Way of Life)』은 철학이 잘못 해석되는 현실을 돌아본다. 철학은 사람들이 '말하는' 그 무엇이 아니라 '행동하는' 무엇이라는 것이다. 실용적인 철학이 무엇인지를 경험하고 싶으면 반드시 아도를 읽어야 한다.(그가 직접 번역한 세네카와 마르쿠스 아우렐리우스, 에픽테토스도 훌륭하다.) 도널드 로버트슨(Donald Robertson)의 『로마 황제처럼 생각하는 법』과 제임스 롬(James Romm)의 세네카 전기 『매일 죽다(Dying Every Day)』도 추천한다.

- Alinsky, Saul. *Rules for Radicals*. New York: Vintage, 1989.
- Aurelius, Marcus. *Meditations: A New Translation (Modern Library)*. Translated by Gregory Hayes. New York: Modern Library, 2002.
- Bakewell, Sarah. *How to Live: Or a Life of Montaigne in One Question and Twenty Attempts at an Answer*. New York: Other Press, 2010.
- Becker, Gavin de. *The Gift of Fear and Other Survival Signals That Protect Us from Violence*. New York: Dell, 1999.
- Bell, Madison Smartt. *Toussaint Louverture: A Biography*. New York: Pantheon, 2007.
- Bonforte, John. *The Philosophy of Epictetus*. Literary Licensing, LLC, 2011.
- Brodsky, Joseph. *On Grief and Reason: Essays*. New York: Farrar, Straus and Giroux, 1995.
- Carroll, Paul B., and Chunka Mui. *Billion Dollar Lessons: What You Can Learn from the Most Inexcusable Business Failures of the Last 25 Years*. New York: Portfolio Trade, 2009.
- Chernow, Ron. *Titan: The Life of John D. Rockefeller, Sr.* New York: Random House, 1998.
- Cicero, Marcus Tullius. *On the Good Life (Penguin Classics)*. Translated by

Michael Grant. New York: Penguin, 1971.

- Cohen, Herb. *You Can Negotiate Anything: The World's Best Negotiator Tells You How to Get What You Want*. New York: Bantam, 1982.

- Cohen, Rich. *The Fish That Ate the Whale: The Life and Times of America's Banana King*. New York: Farrar, Straus and Giroux, 2012.

- Critchley, Simon. *The Book of Dead Philosophers*. New York: Vintage, 2009.

- Dio, Cassius. *The Roman History: The Reign of Augustus*. New York: Penguin, 1987.

- Doyle, Charles Clay, Wolfgang Mieder, and Fred R. Shapiro. *The Dictionary of Modern Proverbs*. New Haven: Yale University Press, 2012.

- Earhart, Amelia. *The Fun of It: Random Records of My Own Flying and of Women in Aviation*. Reprint edition. Chicago: Academy Chicago Publishers, 2000.

- Emerson, Ralph Waldo. *Nature and Selected Essays*. New York: Penguin, 2003.

- Epictetus. *Discourses and Selected Writings (Penguin Classics)*. Translated by Robert Dobbin. New York: Penguin, 2008.

- Epicurus. *The Essential Epicurus (Great Books in Philosophy)*. Translated by Eugene O'Connor. Buffalo: Prometheus Books, 1993.

- Evans, Jules. *Philosophy for Life and Other Dangerous Situations: Ancient Philosophy for Modern Problems*. Novato, CA: New World Library, 2013.

- Everitt, Anthony. *The Rise of Rome: The Making of the World's Greatest Empire*. New York: Random House, 2012.

- Feynman, Richard P. *Classic Feynman: All the Adventures of a Curious Character*. Edited by Ralph Leighton. New York: W. W. Norton, 2005.

- Frankl, Viktor E. *Man's Search for Meaning*. New York: Touchstone, 1984.

- Fraser, David. *Knight's Cross: A Life of Field Marshal Erwin Rommel*. New York: Harper Perennial, 1994.
- Fronto, Marcus Cornelius. *Marcus Cornelius Fronto: Correspondence, I*. translated by C. R. Haines. Cambridge: Harvard University Press, 1919.
- Goodman, Rob, and Jimmy Soni. *Rome's Last Citizen: The Life and Legacy of Cato, Mortal Enemy of Caesar*. New York: Thomas Dunne Books, 2012.
- Graham-Dixon, Andrew. *Caravaggio: A Life Sacred and Profane*. New York: W. W. Norton, 2012.
- Grant, Ulysses S. *Ulysses S. Grant: Memoirs and Selected Letters: Personal Memoirs of U. S. Grant/Selected Letters, 1839–1865*. New York: Library of America, 1990.
- Greenblatt, Stephen. *Will in the World: How Shakespeare Became Shakespeare*. New York: Norton, 2005.
- Greene, Robert. The 48 Laws of Power. New York: Viking Adult, 1998.
  _____. *33 Strategies of War*. New York: Penguin, 2007.
  _____. *Mastery*. New York: Viking Adult, 2012.
- Greene, Robert, and 50 Cent. *The 50th Law*. New York: Harper, 2009.
- Greitens, Eric. *The Heart and the Fist: The Education of a Humanitarian, the Making of a Navy SEAL*. New York: Houghton Mifflin Harcourt, 2011.
- Hadot, Pierre. *The Inner Citadel: The Meditations of Marcus Aurelius*. Translated by Michael Chase. Cambridge: Harvard University Press, 2001.
  _____. *Philosophy as a Way of Life: Spiritual Exercises from Socrates to Foucault*. Translated by Arnold Davidson. Malden: Wiley-Blackwell, 1995.
  _____. *What Is Ancient Philosophy?* Translated by Michael Chase. Cambridge: Harvard University Press, 2004.

- Haley, Alex. *The Autobiography of Malcolm X: As Told to Alex Haley*. New York: Ballantine Books, 1987.
- Hart, B. H. Liddell. *Strategy*. New York: Penguin, 1991.
- Heraclitus. *Fragments (Penguin Classics)*. Translated by Brooks Haxton. New York: Penguin, 2003.
- Hirsch, James S. *Hurricane: The Miraculous Journey of Rubin Carter*. New York: Houghton Mifflin Harcourt, 2000.
- Isaacson, Walter. *Steve Jobs*. New York: Simon & Schuster, 2011.
- John, Tommy, with Dan Valenti. *TJ: My 26 Years in Baseball*. New York: Bantam, 1991.
- Johnson, Jack. *My Life and Battles*. Edited and translated by Christopher Rivers. Washington, DC: Potomac Books, 2009.
- Johnson, Paul. *Churchill*. New York: Viking, 2009.
  _____. *Napoleon: A Life*. New York: Viking, 2002.
- Johnson, Samuel. *The Witticisms, Anecdotes, Jests, and Sayings, of Dr. Samuel Johnson, During the Whole Course of His Life*. Farmington Hills, MI: Gale ECCO Press, 2010.
- Josephson, Matthew. *Edison: A Biography*. New York: Wiley, 1992.
- Kershaw, Alex. *The Liberator: One World War II Soldier's 500-Day Odyssey from the Beaches of Sicily to the Gates of Dachau*. New York: Crown, 2012.
- Lickerman, Alex. *The Undefeated Mind: On the Science of Constructing an Indestructible Self*. Deerfield Beach: HCI, 2012.
- Lorimer, George Horace. *Old Gorgon Graham: More Letters from a Self-Made Merchant to His Son*. New York: Cosimo Classics, 2006.
- McCain, John, and Mark Salter. *Faith of My Fathers: A Family Memoir*. New

York: HarperCollins, 1999.

- McPhee, John. *Levels of the Game*. New York: Farrar, Straus and Giroux, 1979.

_____. *A Sense of Where You Are: Bill Bradley at Princeton*. New York: Farrar, Straus and Giroux, 1999.

- Marden, Orison Swett. *An Iron Will*. Radford, VA: Wilder Publication, 2007.

_____. *How They Succeeded: Life Stories of Successful Men Told by Themselves*. Hong Kong: Forgotten Books, 2012.

- Meacham, Jon. *Thomas Jefferson: The Art of Power*. New York: Random House, 2012.

- Millard, Candice. *The River of Doubt: Theodore Roosevelt's Darkest Journey*. New York: Doubleday, 2005.

_____. *Destiny of the Republic: A Tale of Madness, Medicine and the Murder of a President*. New York: Doubleday, 2011.

- Montaigne, Michel de. *The Essays: A Selection*. Translated by M. A. Screech. New York: Penguin, 1994.

- Morris, Edmund. *The Rise of Theodore Roosevelt*. New York: Random House, 2010.

- Musashi, Miyamoto. *The Book of Five Rings*. Translated by Thomas Cleary. Boston: Shambhala, 2005.

- Oates, Whitney J. *The Stoic and Epicurean Philosophers: The Complete Extant Writings of Epicurus, Epictetus, Lucretius, Marcus Aurelius*. New York: Random House, 1940.

- Paul, Jim, and Brandon Moynihan. *What I Learned Losing a Million Dollars*.

New York: Columbia University Press, 2013.

- Percy, William Alexander. *Lanterns on the Levee: Recollections of a Planter's Son*. Baton Rouge: LSU Press, 2006.

- Plutarch. *The Makers of Rome: Nine Lives (Penguin Classics)*. Translated by Ian Scott-Kilvert. New York: Penguin, 1965.

_____. *On Sparta (Penguin Classics)*. Translated and edited by Richard J. A. Talbert. New York: Penguin, 2005.

_____. *Essays*. Edited by Ian Kidd. Translated by Robin H. Waterfield. New York: Penguin, 1993.

- Pressfield, Stephen. *The War of Art: Winning the Inner Creative Battle*. New York: Rugged Land, 2002.

_____. *Turning Pro: Tap Your Inner Power and Create Your Life's Work*. New York: Black Irish Entertainment, 2012.

_____. *The Warrior Ethos*. New York: Black Irish Entertainment, 2011.

- Ries, Eric. *The Lean Startup: How Today's Entrepreneurs Use Continuous Innovation to Create Radically Successful Businesses*. New York: Crown Business, 2011.

- Roosevelt, Theodore. *Strenuous Epigrams of Theodore Roosevelt*. New York. HM Caldwell, 1904.

- Sandlin, Lee. "Losing the War." *Chicago Reader*. March 6, 1997.

_____. *Storm Kings: The Untold History of America's First Tornado Chasers*. New York: Pantheon, 2013.

- Schopenhauer, Arthur. *Essays and Aphorisms (Penguin Classics)*. Translated by R. J. Hollingdale. New York: Penguin, 1973.

_____. *The Wisdom of Life and Counsels and Maxims*. Translated by T. Bailey Saunders. Buffalo: Prometheus Books, 1995.

• Scott-Maxwell, Florida. *The Measure of My Days*. New York: Penguin, 1979.

• Sellars, John. *Stoicism*. Berkeley: University of California Press, 2006.

• Seneca, Lucius Annaeus. *Stoic Philosophy of Seneca: Essays and Letters*. Translated by Moses Hadas. New York: W. W. Norton, 1968.

_____. *Letters from a Stoic (Penguin Classics)*. Translated by Robin Campbell. New York: Penguin, 1969.

_____. *On the Shortness of Life*. Translated by C.D.N. Costa. New York: Penguin, 2005.

• Shenk, Joshua Wolf. *Lincoln's Melancholy: How Depression Challenged a President and Fueled His Greatness*. New York: Houghton Mifflin Harcourt, 2005.

• Sherman, William Tecumseh. *Memoirs of General W. T. Sherman. (Library of America)*. New York: Library of America, 1990.

• Simpson, Brooks D. *Ulysses S. Grant: Triumph Over Adversity, 1822–1865*. New York: Houghton Mifflin Harcourt, 2000.

• Smiles, Samuel. *Self-Help*. Berkeley: University of California Libraries, 2005.

• Smith, Jean Edward. *Eisenhower in War and Peace*. New York: Random House, 2012.

• Stockdale, James B. *Courage Under Fire: Testing Epictetus's Doctrines in a Laboratory of Human Behavior*. Stanford: Hoover Institution Press, 1993.

• Taleb, Nassim Nicholas. *The Bed of Procrustes: Philosophical and Practical Aphorisms*. New York: Random House, 2010.

_____. *Antifragile: Things That Gain from Disorder*. New York: Random House, 2012.

• Taliaferro, John. *All the Great Prizes: The Life of John Hay, from Lincoln to*

Roosevelt. New York: Simon & Schuster, 2013.

• Vasari, Giorgio. *The Lives of the Most Excellent Painters, Sculptors, and Architects (Modern Library Classics)*. Edited by Philip Jack. Translated by Gaston du C. de Vere. New York: Modern Library, 2006.

• Virgil, translated by Robert Fagles. *The Aeneid*. New York: Penguin, 2010.

• Washington, George. *Washington on Courage: George Washington's Formula for Courageous Living*. New York: Skyhorse Publishing, 2012.

• Watson, Paul Barron. *Marcus Aurelius Antoninus*. New York: Harper & Brothers, 1884.

• Wilder, Laura Ingalls. *Writings to Young Women from Laura Ingalls Wilder— Volume Two: On Life as a Pioneer Woman*. Edited by Stephen W. Hines. Nashville: Tommy Nelson, 2006.

• Wolfe, Tom. *A Man in Full*. New York: Farrar, Straus and Giroux, 1998.

_____. *The Right Stuff*. New York: Picador, 2008.

• Xenophon. *Xenophon's Cyrus the Great: The Arts of Leadership and War*. Edited by Larry Hedrick. New York: Truman Talley Books, 2006.

돌파력

1판 1쇄 펴낸날 2017년 4월 28일
1판 6쇄 펴낸날 2019년 8월 20일
개정판 1쇄 펴낸날 2024년 11월 11일

지은이 | 라이언 홀리데이
옮긴이 | 안종설

펴낸이 | 박경란
펴낸곳 | 심플라이프
등 록 | 제406-251002011000219호(2011년 8월 8일)
전 화 | 031-941-3887
팩 스 | 02-6442-3380
이메일 | simplebooks@daum.net
블로그 | http://simplebooks.blog.me

ISBN 979-11-86757-93-2 03190